KB210849

영성의 12계단

하나님의 통치를 받는 삶의 여정

영성의 12계단

·**초판 1쇄 발행** 2023년 08월 5일

·**지은이** 송인설
·**펴낸이** 민상기
·**편집장** 이숙희
·**펴낸곳** 도서출판 드림북
·**인쇄소** 예림인쇄 **제책** 예림바운딩
·**총판** 하늘유통

·**등록번호** 제 65 호 **등록일자** 2002. 11. 25.
·경기도 양주시 광적면 부흥로 847 경기벤처센터 220호
·Tel (031)829-7722, Fax(031)829-7723

하나님의
통치를 받는
삶의 여정

영성의
12계단

송인설 지음

드림북

프롤로그

1984년 대학 4학년 때 회심했다. 워치만 니(1903-1972)의『영에 속한 사람』을 읽어 보았다. 내면이 해부당하는 느낌을 받았다. 10년 후 목사 안수를 받고『자아가 죽을 때』를 읽었다. 자아가 내 영혼의 원수라는 것을 인정해야 했다.『자아의 파쇄와 영의 해방』으로 번역된 책으로 다시 읽었다. 겉사람이 파쇄되고 속사람이 분리되는 신비를 설명하고 있었다. 1990년대 리처드 포스터(1942-)의『돈, 섹스, 권력』과 헨리 나우웬(1932-1996)의『상처 입은 치유자』를 읽었다. 영성을 신학적으로 설명하는 방식에 놀랐다.

영성이란 말이 유행하기 시작했다. 낯선 용어였다. 영성이 대체 무엇일까? 영성에 관한 책을 읽어 보았다. 개신교 전통에서 나온 영성 책은 경건이나 은사에 대한 내용을 다루고 있었다. 가톨릭 전통에서 나온 책은 수도원 영성을 소개하고 있었다. 질문이 떠올랐다. "가톨릭 영성이 있으면 개신교 영성도 있지 않을까?" "교회사 속에 나타난 다양한 영성을 통합할 수 있을까?" "우리 시대에는 어떤 영성이 적합할까?"

2003년 부교역자 생활을 정리하며 『영성의 길, 기도의 길』이란 책을 써 보았다. 기도의 능력을 통해 영성의 성장을 이룰 수 있다는 내용이었다. 영성을 '하나님 나라를 사는 능력'으로 정의하고, 영의 성장 개념을 중심으로 영성 신학을 전개했다. 당시 나는 구원론적 영성을 추구했다. 신학교로 사역의 자리를 옮기고 5년이 지났다. 강의하며 깨달은 바가 있어서 『영성의 12계단』(2008)을 저술했다. 하나님 나라와 인간 나라와 마귀 나라라는 '세 왕국론'의 관점으로 천국의 영성을 설명해 보았다.

5년의 세월이 흘렀다. 하나님께서 부어주신 묵상이 조금 더 쌓여 개정판(2013)을 냈다. 나는 천국의 영성을 '하나님과 친밀한 관계를 누리는 능력'으로 재정의하고, 의도적으로 관계 영성과 공동체 영성을 추구했다. 인간은 삼위일체 하나님을 따라 관계 안에서 살도록 창조되었고, 관계가 외형으로 드러난 것이 공동체라고 이해했다. 교회론에 대한 고민이 영성 신학에 영향을 주었을 것이다.

10년이 또 지나갔다. '하나님의 선교'(미시오 데이) 신학에 이끌렸다. '하나님의 선교'는 하나님의 파송 또는 하나님의 보내심을 의미한다. 하나님이 아들과 교회를 이 땅에 파송하셔서 열방에 하나님의 나라를 확장하시는 미션을 친히 이루어 가신다는 것이다. 나는 영성을 '하나님의 통치를 받는 삶의 여정'으로 재정의하고, 의도적으로 선교적 영성을 추구했다. 이것이 내가 이번에 재개정판을 내는 이유이다.

성경을 '하나님의 선교' 관점으로 읽으니 하나님 나라의 드라마가 보였다. 하나님은 인간을 하나님의 형상대로 창조하시고, 하나님을 대리하여 땅을 다스리게 하셨다(창조). 하나님은 인간의 반역에도 불구하고 일반 은총으로 창조 질서를 유지하고 인류의 죄를 억제하고 문명을 건설하게 하셨다(타락). 하나님은 이스라엘에게는 일반 은총에 더하여 특별 은총을 베푸셨다. 이스라엘을 선택하여 언약을 맺으시고 열방을 위한 제사장 나라로 세우셨다. 그러나 이스라엘은 하나님과 맺은 언약을 지킬 수 없었다. 하나님의 아들 예수 그리스도가 이스라엘을 대신하여 언약을 이루셨다. 아들의 십자가와 부활로 사탄의 통치를 무너뜨리고 이 땅을 다시 다스리기 시작하셨다(구속, 구원). 성령으로 교회를 세우시고 땅끝까지 하나님 나라를 확장하는 일에 참여하게 하셨다(교회, 선교). 하나님은 역사의 종말에 아들을 다시 이 땅에 보내시어 마귀의 통치를 완전히 무너뜨리고, 인류를 심판하고, 만물을 회복하고 새롭게 하여 새 하늘과 새 땅을 만드실 것이다. 새 예루살렘을 하늘에서 땅으로 내리시어 하늘의 천사와 하나님의 자녀들과 함께 하나님의 나라를 영원히 다스리실 것이다(종말).

이 책은 세 부분으로 구성되어 있다. 1부에서는, 영성의 신학적 토대에 대해 다루었다. 필자는 영성의 성경적 근거를 하나님 나라의 복음으로 보고, 영성의 신학적 토대를 삼위일체 하나님으로 이해했다. 1장에서 하나님의 통치, 2장에서 그리스도의 십자가의 신비, 3장에서 성령의 은혜와 은사, 4장에서는 하나님의 통치를 받는 인간을 이해하기 위해 인간론의 일부로서 인간의 영에 대해 숙고해 보았다. 5장에서는 하나님 나라의 청지기들이 하나님의 통치를 받고 대행하기 위해 변화되는 영적 성장의 단계를 설명했다. 구원론의 관점에서 영이 중생하고 성장하고 자아를 부정하고 성숙해 가는 과정을 논의했다. 전통적인 칭의-성화 개념을 영의 유기체적 성장이라는 관점으로 재구성했다.

2부에서는, 하나님 나라의 청지기가 되기 위해 필요한 영성 훈련의 방법을 다루었다. 영적 성장을 위해 말씀 훈련과 기도 훈련과 공동체 훈련이 필요하다고 보았다. 6장에서 말씀의 영성, 7장에서 기도의 영성, 8장에서 공동체의 영성을 다루었다. 말씀 훈련과 기도 훈련은 오랫동안 훈련해 온 것인데도 정리하기가 쉽지 않아 신학적으로 재구성해야 했다. 공동체 훈련은 영은 교회 공동체 안에서만 성장한다고 보고 추가적으로 논의해야 했다.

3부에서는, 하나님의 통치를 받는 영적 삶에 대해 다루었다. 기독교 영성사의 전통을 따라 영성의 본질을 믿음과 소망과 사랑으로 이해했다. 믿음과 소망과 사랑은 하나님과의 관계 속에서만 형성되는 영적 미덕이다. 성령의 역사로 우리 영 안에서 하나님의 성품과 예수 그리스도의 인격과 성령의 열매가 형성된다고 보았다. 9장에서 믿음의 영성, 11장에서 사랑의 영성, 12장에서 소망의 영성을 다루었다. 필자는 믿음이 성장할수록 회개가 깊어지고 회개하는 만큼 영의 세계가 열린다는 경험에 근거하여, 10장에서 회개의 영성을 다루었다.

신비 체험 없이 영성 신학을 구상하느라 애를 많이 먹었다. 영성 신학을 정리하게 해 주신 하나님께 감사를 드린다. 영성 신학은 영성의 필요조건이지 충분조건은 아니다. 학문은 인간의 삶의 경험을 설명하는 시도다. 신학은 하나님을 설명하고, 영성 신학은 하나님에 대한 경험을 설명한다. 설명은 설명일 뿐이다. 영성 신학을 정리하게 해 주신 하나님이 영성을 경험시켜 주시기를 기도한다. 30여 년에 걸친 영성의 여정에서 하나님은 불신실한 나에게 늘 신실하셨다. 기도보다 책 읽기를 더 좋아하는 나에게 영성 신학의 기본 개념과 설계를 보여 주셨다. 이제 책보다 기도에 더 몰입해야 할 때가 된 듯하다. 사역의 열매보다 신랑 되신 예수 그리스도께 드릴 면류관을 준비해야 할 때가 되었다고 본다. 하나님이 나에게 시작하신 선한 일을 친히 완성해 주시기를 소망한다. 하나님은 나를 영성의 세계로 이끄시고 묵상을 주시고 경험시켜 주시고 영계의 세계로 초대하셨다. 창조주 하나님은 참으로 위대하시다. 칼빈 선생을 따라 나도 크게 외치고 싶다. 오직 하나님께 영광을 돌린다. "솔리 데오 글로리아!"

2023. 7. 1

송 인 설

초판 서문

예수를 주님으로 영접한 후, 어떻게 하면 이 땅에서 천국을 살 수 있을까 고민했다. 교회 생활을 열심히 했으나 행복하지는 않았다. 무엇이 문제일까? 신앙생활을 해도 기도를 해도 봉사를 해도 천국의 기쁨을 누리기는 힘들었다. 왜 그럴까? 기독교 신앙이 이것밖에 안 되나? 이렇게 살라고 예수 그리스도가 십자가에서 죽으셨을까? 형편과 상황에 상관없이 천국의 기쁨을 누릴 수는 없을까? 하나님만으로 만족한 삶이 가능할까? 이런 질문을 하며 성경을 읽고 또 읽었다.

세상 종교는 나름 인생의 문제에 대해 구원의 길을 제시한다. 인간이 스스로 자기를 구원할 수 있다고 주장한다. 다 내 힘으로 한다. 유교는 경전을 공부하고 마음을 수양하여 '군자'가 될 수 있다고 한다. 도교는 자연 속 수련을 통해 우주의 도와 하나 되어 '도인'이 될 수 있다고 한다. 불교는 수행을 통해 고통에서 해탈하여 '부처'(깨달은 자)가 될 수 있다고 한다. 힌두교는 마음 수련을 통해 진정한 나를 발견하고 우주와 하나됨으로써 '목샤'(자유인)가 될 수 있다고 한다. 세속주의도 자기 능력을 계발하여 세상에서 행복하게 살 수 있는 성공자가 될 수 있다고 한다. 다들 그렇게 믿고 산다.

그런데 과연 그런가? 인간이 정말 자기 스스로 문제를 해결하고 자기를 구원할 수 있을까? 인간이 자기 힘으로 죽음을 극복할 수 있을까? 이것이 믿어지는 사람은 그렇게 해야 할 것이다. 그러나 믿어지지 않는 사람도 있다. 내 힘으로 어느 정도까지 성공할 수 있으나 그 이상은 안 된다. 어찌하다 보면 인생이 벼랑 끝에 몰려 있다. 자기 힘으로 안 된다는 것을 발견한 이들은 어떻게 해야 하나? 다른 이야기를 찾아야 한다. 인간의 성취와 전혀 관계없는 하나님 나라의 이야기를 들어야 한다.

성경은 인간 나라가 아니라 하나님 나라에 대한 이야기를 하고 있다. 망가진 세상, 하나님이 창조하셨으나 인간이 망가뜨린 세상을 하나님이 회복하시는 이야기이다. 성경은 연극으로 보면 6막의 드라마다. '창조, 타락, 이스라엘, 예수 그리스도, 교회, 종말'이라는 6막으로 구성되어 있다. 내러티브로 보면, '창조-타락-구속-완성'의 4내러티브다. 하나님이 창조와 구속(이스라엘과 예수 그리스도)과 완성의 일에 성공하시는 이야기다.

하나님은 하나님 나라를 세우기 위해서 우주를 창조하셨다. 하나님은 세상을 직접 다스리는 대신, 하나님의 형상으로 창조하신 인간을 통해 다스리기로 하셨다. 인간은 하나님처럼 될 수 있다는 사탄의 거짓말에 속아 하나님께 반역하고 하나님으로부터 멀어졌다. 하나님은 인간의 타락에도 불구하고 하나님 나라를 세우는 일을 포기하지 않으셨다. 인간의 타락 이후에도 일반 은총으로 창조 질서를 유지하시고 인간의 문화와 역사를 허락하셨다. 노아 언약을 통해 피조물과 언약을 다시 맺으셨다(창 9:11).

하나님은 망가진 세상을 회복하기 위해 아브라함을 부르시고 이스라엘 민족을 세우셨다. 이스라엘을 출애굽 시키신 후, 시내산에서 이스라엘 백성과 '언약'을 맺으셨다. 돌비에 십계명 말씀을 쓰셨다. 지키면 복을 받을 것이고 지키지 않으면 저주를 받는다 하셨다. 이스라엘은 계명을 지키지 못했고 언약대로 일시 저주를 받고 바벨론에 포로로 끌려갔다. 이스라엘의 예언자들은 절망했다. 하나님은 선지자 예레미야를 통해 '새 언약'을 선포하셨다. 하나님의 법을 백성의 마음속에 두어 마음 판에 기록할 것이라고 예고하셨다. 이스라엘 백성이 죄사함을 받고 하나님을 인격적으로 아는 날이 올 것이라 하셨다(렘 31:31-34). "그러나 그 날 후에 내가 이스라엘 집과 맺을 언약은 이러하니 곧 내가 나의 법을 그들의 속에 두며 그들의 마음에 기록하여 나는 그들의 하나님이 되고 그들은 내 백성이 될 것이라 여호와의 말씀이니라"(렘 31:33). 예수 그리스도는 이 언약을 이루기 위해 인간의 몸을 입고 오셨다.

예수 그리스도는 이 땅에 오셔서 하나님 나라의 복음, 천국 복음을 전하셨다. 이 땅에서 하나님의 나라가 시작되고 있다고 선포하셨다. "때가 찼고 하나님 나라가 가까이 왔으니 회개하고 복음을 믿으라"(막 1:15). 예수 그리스도는 하나님 나라에 대한 말씀만 선포하신 것이 아니라 하나님 나라의 실제 삶을 보여 주셨다. 천국의 새 계명만을 가르치신 것이 아니라 귀신을 쫓고 병을 고치셨다. 이 땅에서 사탄의 통치를 끝내고 하나님의 통치를 시작하신다고 하셨다. 예수 그리스도는 십자가에서 자기 몸을 내놓으셨다. 십자가의 피가 새 언약을 이루는 피라고 말씀하셨다. "이것은 죄 사함을 얻게 하려고 많은 사람을 위하여 흘리는 바 나의 피 곧 언약의 피니라"(마 26:28). "이 잔은 내 피로 세우는 새 언약이니 곧 너희를 위하여 붓는 것이라"(눅 22:20).

십자가에 달린 예수 그리스도는 죽은 자 가운데서 다시 살아나셨다. 하나님은 아들의 부활로 이 땅을 직접 다스리시는 일정을 선포하셨다. 하늘만 다스리는 것이 아니라 이 땅도 다스리실 것이라고 선언하셨다. 새 창조의 시작을 알리신 것이다. 부활은 이스라엘 백성에게 주신 믿을 만한 증거였다(행 17:31).

성령이 오신 후, 사도와 제자들은 부활의 증인으로서 예수의 하나님 나라를 유업으로 이어받았다. 성령 안에서 하나님 나라를 미리 맛본 교회는 세상에 천국의 복음을 증거하는 도구가 되었다. 하나님의 새 창조 사역은 교회를 통해 계속 이루어지다가 예수 그리스도가 다시 오시는 날 완성될 것이다. '새 하늘과 새 땅'이 만들어지고 '새 예루살렘'이 땅에 내려와 마침내 하늘과 땅이 다시 만날 것이다(계 21-22장). 하나님이 새 창조 사역을 완수하실 것이다.

나는 구원받고 천국에 가기 위해 하나님을 믿었다. 하나님의 생각은 다르셨다. 하나님 나라를 살라고 나를 구원하셨다. 나는 성경이 말하는 천국을 살지 못했다. 교회는 다녔으나 천국을 살지는 못했다. 천국의 복을 누리지 못했다. 하나님 나라를 살 수 있는 힘, 즉 천국의 영성이 없었다. 천국의 영성이 무엇일까? 천국의 영성을 방해하는 장애물이 무엇일까? 어떻게 천국의 영성에 이를 수 있을까? 이런 고민들이 쌓여 천국의 영성에 이르는 길을 모색하다 보니 『영성의 12계단』이라는 책을 낳게 되었다.

2008. 12. 1
송 인 설

차 례

프롤로그 / 04

초판 서문 / 09

1부 영성의 신학적 토대

  1_ 하나님의 통치 • 19

  2_ 그리스도의 십자가의 신비 • 34

  3_ 성령의 은혜와 은사 • 47

  4_ 영이란 무엇인가? • 61

  5_ 영성은 어떻게 형성되는가? • 75

2부 영성 훈련의 방법

  6_ 말씀의 영성 • 91

  7_ 기도의 영성 • 108

  8_ 공동체의 영성 • 118

3부 영성의 덕

　9_ 믿음의 영성 • 131

　10_ 회개의 영성 • 138

　11_ 사랑의 영성 • 146

　12_ 소망의 영성 • 154

　부록: 감정의 영성 • 162

　에필로그 • 173

01
하나님의 통치

성경은 하나님 나라가 세워지는 이야기다. 인간 나라가 아니라 하나님 나라가 건국되는 이야기다. 하나님 나라가 무엇일까? 하나님의 통치를 의미한다. 왕이신 하나님이 다스리는 영역을 말한다. 대로우 밀러는『생각은 결과를 낳는다』(1999)에서 하나님 나라는 '왕, 왕국, 청지기, 과업'이라는 네 가지 요소로 구성되어 있다고 설명했다. 하나님은 말씀과 권능으로 세상을 다스리신다. 하나님은 우주를 다스리고 인류를 다스리고 나를 다스리고 특별히 나의 삶의 영역을 다스리신다.

복음은 이 땅에 하나님 나라가 세워졌다는 기쁜 소식이다. 하나님이 예수 그리스도 안에서 성령의 능력을 통해 이 땅을 직접 통치하시기 시작했다는 소식이다. 전혀 새로운 나라가 세워졌다는 뉴

스다. 기이한 왕이 다스리기 시작했으니 한번 들어와 살아보라는 초청이다. 성경이 말하는 하나님 나라는 어떤 나라일까?

하나님 나라는 영계와 물질계에 두루 걸쳐 있다. "믿음으로 모든 세계가 하나님의 말씀으로 지어진 줄을 우리가 아나니 보이는 것은 나타난 것으로 말미암아 된 것이 아니니라"(히 11:2). 보이는 세계가 있고 보이지 않는 세계가 있다. 영계와 물질계는 둘 다 하나님이 "있으라"(창 1:3) 말씀하심으로 창조되었다. 하나님은 말씀하시기 전에 생각을 갖고 계셨을 것이다. 이런 세계를 만들어야 하겠다고 생각하고 창조하셨을 것이다. 영계를 먼저 창조하시고 물질계를 창조하셨을 것이다.

세 왕국의 이야기

성경은 하나님 나라의 역사만 말하지 않는다. 마귀 나라와 인간 나라에 대해서도 말하고 있다. 하나님 나라는 하나님이 다스리는 나라이고, 인간 나라는 인간이 다스리는 나라이고, 마귀 나라는 마귀가 다스리는 나라다. 하나님이 다스리시는 하나님 나라가 있고, 인간이 자율적으로 다스리는 인간 나라가 있고, 마귀가 하나님을 대적하여 다스리는 마귀 나라가 있다는 것이다.

아우구스티누스(354-430)는 『하나님의 도성』에서 두 왕국에 대해 말했다. "두 가지 사랑이 두 도시를 건설했다. 하나님까지 멸시하는 자기 사랑이 땅의 도성을 만들었고, 자기를 멸시하기까지 하나님을 사랑하는 사랑이 하늘의 도성을 만들었다. 땅의 도성은 자신을 자랑하고 하늘의 도성은 주님을 자랑한다. 땅의 도성은 사람에게서 영광을 받기를 원하고, 하늘의 도성은 우리 양심을 보시는 하나님을 최대의 영광으로 여긴다."(14권, 28). 루터와 칼빈도 두 왕국론의 주장을 이어갔다.

성경은 하나님 나라와 인간 나라와 마귀 나라를 구분하는 세 왕국론을 말하고 있는 것 같다. 스위스의 교회사가 필립 샤프(1819-1893)도 그의 『교회사』에서 하나님과 인간과 마귀라는 세 주체가 드러난다고 했다. 하나님 나라와 인간 나라와 마귀 나라를 어떻게 설명할 수 있을까? 세 왕국은 어떤 관계를 맺고 있을까? 세 나라는 어떻게 상호작용할까? 앞으로 우리가 관심을 가져야 할 과제다.

하나님 나라와 인간 나라와 마귀 나라는 각각 어떤 나라일까?

첫째, 인간 나라는 유지(維持)의 나라이고, 마귀 나라는 죽음의 나라라면, 하나님 나라는 생명의 나라이다. 하나님은 살리고, 인간은 유지하고, 사탄은 죽인다. 하나님이 다스리시면 모든 것이 살아난다. 인간이 경영하면 어느 정도 유지할 수 있다. 그러나 그 이상은 안 된다. 성공 안에 실패의 요소가 있다. 산업을 발전시키는 대가로 환경을 파괴한다. 약으로 병을 고치지만 약물 후유증으로 시달린다. 사탄이 다스리면 다 죽는다. 마귀는 살인자요 거짓말쟁이요 도둑이다(요 8:44, 10:10). 마귀는 갑자기 죽이든지 중독을 시켜

서서히 죽게 한다.

둘째, 인간 나라가 정의의 나라이고, 마귀 나라가 불의의 나라라면, 하나님 나라는 은혜의 나라이다. 하나님 나라는 은혜로 산다. 공로 없이 받고 대가 없이 준다. 내가 짓지 않은 집에서 살고, 내가 심지 않은 열매를 거둔다. 다른 사람을 위해 집을 짓고 다른 사람이 먹을 식물을 기른다. 인간 나라는 정의를 추구한다. 정당한 권리를 주장하며 산다. 그러나 각자 정의의 기준이 달라서 오랜 타협의 과정을 거쳐야 한다. 지나치게 억울하지만 않으면 어느 정도 정의가 실현된 것이다. 마귀 나라는 불의를 조장한다. 많은 사람이 자기 것을 빼앗기며 산다. 힘이 없어 자기 것을 지키지 못한다. 많은 사람이 피눈물을 흘리며 억울해한다.

셋째, 인간 나라는 성공의 나라이고, 마귀 나라는 저주의 나라라면, 하나님 나라는 축복의 나라이다. 하나님 나라는 하나님이 주시는 복을 받고 산다. 내가 노력한 것보다 더 많은 열매를 거둔다. 받은 복을 유통하며 산다. 인간 나라는 성공을 위해 산다. 성공한 만큼 인정받고 대접받는다. 그러나 실패한 사람은 인간 대접을 받지 못한다. 마귀 나라는 마귀의 저주를 받고 산다. 노력해도 결실이 없다. 노력한 만큼 열매를 거두지 못한다. 하는 일마다 안 된다. 빈곤의 악순환에서 벗어나지 못한다.

반론이 있을 수 있다. 인간 나라는 결국 세상 나라가 아닌가? 영적 전쟁에 들어가면 인간 나라는 무력하지 않은가? 맞는 얘기다.

성경도 인간 나라와 마귀 나라를 합하여 세상이라고 부르고 있다. 그러나 인간 나라와 마귀 나라를 동일시할 수 없을 때가 있다. 인간 나라는 하나님 나라는 아니지만, 어느 정도 마귀 나라의 폭력을 제어해 주는 측면이 있다. 바울은 로마법의 도움을 받음으로 유대인들로부터 일시적으로 생명을 구할 수 있었다.

하나님 나라는 영계와 물질계를 다스린다. 마귀 나라도 영계와 물질계에 걸쳐 있다. 인간 나라는 물질계 현실계에서 전개된다. 그러나 일부 인간은 물질계 너머 영계를 경험한다. 그리스도인은 영계를 알고 있고, 무당도 영계에 익숙하다. 영계가 있다. 천사도 있고 귀신도 있다.

세 나라는 서로 다르지만 무관하지는 않다. 모두 다 하나님의 주권 아래 있다. 하나님은 '특별 은총'의 원리로 하나님 나라를 다스리고, '일반 은총'의 원리로 인간 나라를 다스리고, '보호 섭리'의 원리로 마귀 나라를 제어하신다. 하나님은 세 나라를 모두 다스리신다. 인간 나라에 자율성을 주시지만 통제하신다. 마귀 나라를 허용하시지만 제어하신다. 이제 성경에서 하나님의 주권 아래 세 나라가 상호 작용하는 영적 삼국지의 세계로 들어가 보자.

세 왕국의 작용 원리: 말씀-생각-행함

하나님 나라와 인간 나라와 마귀 나라는 어떻게 작용할까? 세 왕국은 말과 생각과 행함의 원리로 작동되는 것 같다. 보이지 않는 것이 먼저 있다. "보이는 것은 나타난 것으로 말미암아 된 것이 아니니라"(히 11:3). 보이지 않는 생각과 말이 먼저 움직인다. 보이지 않는 말이 생각을 일으키고 행동을 유발한다.

세 왕국은 말에 의해 움직인다. 하나님은 하나님의 말씀으로 하나님 나라를 통치하신다. 사탄은 사탄의 거짓말로 마귀 나라를 통치한다. 인간은 인간의 말로 인간 나라를 통치한다. 말이 중요하다. 하나님은 말이 영계에 작용을 일으키도록 창조하셨다.

세 왕국은 우리 생각에 작용한다. 세 나라 다 인간의 생각을 잡고 인간을 다스리려고 한다. 하나님 말씀은 우리에게 영의 생각을 일으킨다. 인간의 말은 혼(정신)의 생각을 일으킨다. 사탄의 말은 육의 생각을 일으킨다. 바울은 "육신의 생각은 사망이요 영의 생각은 생명과 평안이니라"(롬 8:6)라고 말했다. 영의 생각은 살리고, 육의 생각은 죽이고, 혼의 생각은 유지한다.

하나님 말씀을 따라 영의 생각대로 행하면 천국의 복을 누린다. 인간의 말을 따라 혼의 생각대로 행하면 자기 인격을 지키고 인간성을 지킬 수 있다. 사탄의 말을 따라 육의 생각대로 행하면 지옥의 고통을 맛보게 된다. 예수 그리스도의 말씀처럼, 천국의 길은 참 좁다(마 7:13-14). 그러나 일단 들어가 보면 참 넓다. 하나님의 은혜가 넘치고 하나님의 복이 임하고 천국의 기쁨이 넘친다.

인간은 생각하고 느끼고 결단하고 말하고 행동한다. 하나님의 말씀을 머리로 생각하고 감정(마음)으로 느끼고 의지로 결단하고 말로 선포하고 몸으로 행동한다. 우선 생각이 중요하다. 그 사람을 어떻게 아는가? 그의 생각으로 안다. "대저 그 마음의 생각이 어떠하면 그 위인도 그러한즉"(잠 23:7). 그다음 말이 중요하다. "죽고 사는 것이 혀의 힘에 달렸나니"(잠 18:21).

영과 혼과 육의 분별

필자는 세 왕국을 구분하고, 세 가지 말씀(말)을 분별하고, 세 가지 생각을 분별하는 훈련을 반복했다. 덜컥 행동으로 옮기기 전에, 내 안에 들리는 말씀과 내 안에서 움직이는 생각을 식별해 보았다. 말이라고 다 같은 말이 아니었다. 어떤 것은 하나님 말씀이고, 어떤 것은 사탄의 말이고, 어떤 것은 인간의 말이었다. 생각이라고 다 같은 생각이 아니었다. 어떤 것은 영의 생각이고, 어떤 것은 육의 생각이고, 어떤 것은 혼(정신)의 생각이었다.

산상수훈의 말씀을 가지고 분별 훈련을 해 보았다. "간음하지 말라"(마 5:27)는 말씀이 있다. 아름다운 이성이 눈앞에 지나갈 때 어떻게 할까? 육은 음란한 생각을 한다. 혼은 그 아름다움을 감상한다. 그러나 영은 피조물을 아름답게 만드신 창조주 하나님을 찬양한다.

"누구든지 네 오른 뺨을 치거든 왼편도 돌려 대라"(마 5:39)는 말씀이 있다. 누가 나를 쳤다. 어떻게 할까? 육은 몇 배로 보복하려 한다. 혼은 정당방위를 한다. 그러나 영은 상대방의 분노를 수용하고 풀어 주기 위해 뺨을 돌려 댄다.

"너희를 박해하는 자를 위해 기도하라"(마 5:44)는 말씀이 있다. 나를 박해하는 사람을 어떻게 할까? 육은 박해자를 저주한다. 혼은 박해자를 피하거나 자기를 방어한다. 그러나 영은 박해자를 위해 중보 기도한다.

"너희를 위해 보물을 하늘에 쌓아 두라"(마 6:20)는 말씀이 있다. 어떻게 헌금할까? 육은 인색한 마음으로 억지로 헌금한다. 혼은 의무적으로 헌금한다. 그러나 영은 감사한 마음으로 기쁘게 하늘 창고에 쌓는다.

"비판을 받지 아니하려거든 비판하지 말라"(마 7:1)는 말씀이 있다. 어떤 사람이 잘못을 범했다. 어떻게 할까? 육은 자동적으로 정죄한다. 혼은 정신을 차리고 시시비비를 가린다. 영은 남의 잘못을 보고 자기 잘못을 성찰한다. 남의 눈에 있는 티를 보고 내 눈의 들보를 생각할 것이다(마 7:3).

"무엇이든지 남에게 대접을 받고자 하는 대로 너희도 남을 대접하라"(마 7:12)는 말씀이 있다. 내가 마땅히 받을 대접을 받지 못했다. 어떻게 할까? 육은 무시당했다고 분노한다. 혼은 그 원인을 찾아본다. 영은 내가 바라는 것을 남에게 해 주려고 노력한다.

바울 서신으로 가 보자. "헛된 영광을 구하지 말라"(갈 5:26)는 말씀이 있다. 육은 사람에게서 영광을 구한다. 혼은 사람이 정당하게 주는 영광을 누린다. 영은 나를 사용하신 하나님께 모든 영광을 돌린다.

"모욕을 당한즉 축복하라"(고전 4:12)는 말씀이 있다. 내 인격이 모욕을 당했다. 어떻게 할까? 육은 당한 대로 갚아 준다. 혼은 자기 인격의 명예를 지킨다. 영은 상대방의 행동은 거부하더라도 그의 인격을 모욕하지 않고 축복한다.

"자기보다 남을 낫게 여기라"(빌 2:3)는 말씀이 있다. 다른 사람이 나보다 잘한다. 어떻게 할까? 육은 시기하고 열등감을 느낀다. 혼은 상대방의 장점을 인정하고 배우려 한다. 영은 그를 통해 일하신 하나님을 찬양한다. 나보다 못하는 형편없는 사람이 있다. 육은 판단하고 비난할 것이고, 혼은 비판할 것이다. 영은 공감하며 분별할 것이다. 내가 그의 형편이면 나도 그럴 수 있다고 인정할 것이다.

야고보서로 가 보자. "우리가 다 실수가 많으니 만일 말에 실수가 없는 자면 곧 온전한 사람이라"(약 3:2)는 말씀이 있다. 내가 말로 실수를 했다. 어떻게 할까? 육은 다른 사람에게 잘못을 전가한다. 혼은 자기 실수에 대해 변명하며 방어한다. 영은 용서를 구하고 책임을 진다.

천국의 영성

하나님의 통치를 받는 천국의 삶은 어떤 삶일까? 하나님 나라를 산다는 것이 무엇일까? 바울은 "하나님 나라는 먹는 것과 마시는 것이 아니라 오직 성령 안에 있는 의와 평강과 희락이라"(롬 14:17)고 했다. 하나님의 통치를 받으면, 관계가 정의롭고, 삶의 모든 영역이 두루 평안하며, 어떤 상황에서도 기쁨이 넘치는 삶을 살게 된다는 것이다. 천국의 영성은 하나님의 통치를 받고 천국의 복을 누리는 삶이다. 하나님의 통치하심을 받으며 하나님 나라의 좋은 열매를 맺으며 사는 삶이다.

초대 교회 『디오그네투스에게 보낸 편지』는 천국 백성의 삶을 이렇게 묘사했다. "그리스도인은 자신의 나라에서 살고 있으나, 오직 외국인으로 살고 있습니다. … 모든 외국 나라가 그들의 조국이고, 모든 조국이 외국입니다. … 그들은 '육신 안에' 있으나 '육신을 따라' 살지 않습니다. 그들은 땅 위에 살고 있으나 하늘에 시민권이 있습니다. … 그들은 모든 사람을 사랑하고, 모든 사람에 의해 박해를 받습니다. … 그들은 가난하지만 많은 사람을 부요하게 합니다. … 그들은 저주를 받으나 축복합니다." 세상에서 살지만 천국을 사는 것, 하나님의 통치를 받고 만물을 다스리는 삶, 이것이 하나님 나라의 영성이다.

영성 훈련과 관련하여 난처한 문제가 있다. 세 왕국의 통치가 서로 중복되어 나타난다는 것이다. 우리 삶에 세 왕국의 통치가 동시에 작용하고 있다. 세 왕국은 개념에서 구분되지만 실제로는 분리되지 않는다. 어떤 때는 하나님 나라를 살고, 어떤 때는 인간 나라를 살고, 어떤 때는 마귀 나라를 산다. 여기서는 하나님 나라를 살고, 다른 곳에서는 인간 나라를 살고, 또 다른 곳에서는 마귀 나라를 산다. 마치 타잔이 밀림에서 넝쿨을 잡고 줄을 타는 것 같다. 어떤 때는 하나님 나라를 붙잡고, 다른 때는 인간 나라를 붙잡고, 또 다른 때는 마귀 나라를 붙잡는다.

그러면 어찌해야 하는가? 회개의 길밖에 없다. 끊임없이 인간 나라와 마귀 나라에서 하나님 나라로 돌이켜야 한다. 회개해도 다시 세상 나라의 삶으로 돌아간다. 그래도 하나님의 주권과 통치를 인정하고 다시 하나님 나라로 돌이켜야 한다. 하나님의 법과 도덕적 질서를 인정하고 다시 시작해야 한다. 한국인이 미국으로 이민 가면 어떻게 살아야 할까? 북한 탈북자는 어떻게 남한 사회에 와서 살아남아야 할까? 세상 나라에서 살던 그리스도인은 어떻게 하나님 나라에 적응하고 살아야 할까? 교회를 다녀도 천국을 살기 힘든 이유가 여기에 있다.

영성은 천국의 삶을 사는 것이다. 천국에 들어갔으면 천국의 삶을 사는 것이 마땅하다. 그런데 천국에 들어간 후에도 세상의 삶을 살기 쉽다. 천국의 삶이 익숙하지 않기 때문이다. 천국의 법도를 따라 사는 삶을 살지 못하면 천국의 축복을 받지 못한다. 대한민국 국민이 납세와 국방의 의무를 다하지 않으면 대한민국 국민으로서 권리를 누리지 못한다. 천국도 마찬가지다. 교회 다닌다고 저절로 복을 받지 못한다. 천국의 법도를 따라 사는 사람만이 천국의 축복을 받는다. 하나님의 법에 따라 통치를 받고 살아 천국의 축복을 받고, 이웃과 만물을 섬기며 다스리는 삶이 천국의 삶이다.

어떻게 해야 천국을 살 수 있을까? 하나님의 영, 성령의 인도를 받아야 한다. 하나님 말씀을 따라 영의 생각을 하고 말씀대로 살아야 한다. 하나님의 통치를 선포하고, 다른 영의 지배를 거부해야 한다. 인간 속에 역사하는 악한 영을 끊어 내야 한다. 나는 어떤 영의 지배를 받고 있는가? 살리는 영의 지배를 받고 있는가? 죽이는 영의 지배를 받고 있는가? 지금 내 영이 살아나고 있는가? 죽어 가고 있는가? 내 영이 하늘로 올라가고 있는가? 음부로 곤두박질치고 있는가? 내 영이 하나님께 더 가까이 가고 있는가? 하나님으로부터 멀어지고 있는가? 내 주위 사람들의 영은 어떠한가? 성령의 지배를 받는 사람들인가? 악령의 지배를 받는 사람들인가?

영적 전쟁

세 가지 말씀과 세 가지 생각이 충돌하는 곳에서 전쟁이 벌어진다. 영적 전쟁이다. 통치권의 충돌이 일어나기 때문이다. 한 나라가 다른 나라를 침략해 들어가면 전쟁이 발발하듯이, 영적 통치권이 충돌할 때 영적 전쟁이 일어난다.

영적 전쟁의 대상은 '세상적이고 정욕적이고 마귀적'인 세력이다. 야고보 사도는 "땅 위의 것이요 정욕의 것이요 귀신의 것"(약 3:15)이 삼각 동맹을 이루고 있다고 했다. 바울도 에베소서에서 세상 풍조, 공중의 권세 잡은 자, 육체의 욕심을 따르는 이들이 한 편이라고 했다. "그 때에 너희는 그 가운데서 행하여 이 세상 풍조를 따르고 공중의 권세 잡은 자를 따랐으니 곧 지금 불순종의 아들들 가운데서 역사하는 영이라 전에는 우리도 다 그 가운데서 우리 육체의 욕심을 따라 지내며 육체와 마음의 원하는 것을 하여 다른 이들과 같이 본질상 진노의 자녀이었더니"(엡 2:2-3). 세상적이고 정욕적인 마귀의 진영 반대쪽에 천국적이고 영적인 하나님의 진영이 있다. 두 진영은 충돌할 수밖에 없다. 이 충돌이 영적 전쟁이 일어나는 이유이다.

영적 전쟁은 사실 승패가 나 있다. 예수 그리스도가 십자가에서 이미 다 이겨 놓으셨기 때문이다. 예수 그리스도는 십자가에서 사탄의 통치를 무너뜨리셨다. 주님이 사탄의 권세를 "무력화하여 드러내어 구경거리로 삼으시고 십자가로 그들을 이기셨다"(골 2:15), "하나님의 아들이 나타나신 것은 마귀의 일을 멸하려 하심이라"(요일 3:8). 영적 전쟁은 예수 그리스도가 계속 이겨 나가시는 싸움이다. 그래서 우리도 예수 그리스도가 이룬 승리를 기반으로 예수 그리스도의 이름으로 싸운다.

영적 전쟁은 어떻게 하는가? 영적 전쟁은 말로 한다. 일반 전쟁은 무기로 하지만, 영적 전쟁은 입술의 선포로 한다. 영의 세계가 말로 작동하기 때문이다. 하나님이 그렇게 만들어 놓으셨다. 사람이 죽고 사는 것이 혀의 권세에 달려 있다(잠 18:21). 구체적으로 어떻게 하는가? 마귀에게는 명령하면 된다. "물러가라!"고 명령하면 물러간다. "마귀를 대적하라 그리하면 너희를 피하리라"(약 4:7). "나사렛 예수 그리스도의 이름으로 명하노니 마귀야 물러가라." 예수 그리스도의 이름으로 선포하면 마귀는 따를 수밖에 없다. 그것이 하나님이 세우신 영적 질서이기 때문이다.

영적 전쟁에서 가장 중요한 것은 하나님이 예수 그리스도 안에서 이루신 구속사의 일을 믿는 것이다. 영적 전쟁을 위해 중요한 말씀을 암송해 둘 필요가 있다. "주께서 채찍에 맞으심으로 나는 나음을 입었습니다."(벧전 2:24), "그리스도께서 우리를 위하여 저주를 받으심으로 우리는 율법의 저주에서 속량되었습니다."(갈 3:13), "주께서 십자가에서 못 박히심으로 사탄의 권세는 무력화되었습니다."(골 2:15), "하나님의 아들이 나타나신 것은 마귀의 일을 멸하려 하심이라."(요일 3:8), "너희 안에 계신 이가 세상에 있는 자보다 크심이라."(요일 4:4).

"나는 이미 치유를 받았다.", "나는 이미 가졌다.", "나는 이미 이겼다." 선포하자. 하나님이 이미 구속사적으로 이루신 일이니 시인하고 말로 선포하자. 하나님은 하나님이 이미 이루신 일을 인정하는 이들을 통해 하나님 나라의 역사를 전개하신다. 선포는 효과가 크다. 영의 세계에서 이루어진 일이 현실계에서 그대로 이루어진다.

영적 전쟁은 삶의 모든 영역에서 일어난다. 영적 전쟁은 성도의 생각 안에서 치열하게 전개된다. 마음 안에서 육의 생각과 영의 생각이 충돌한다. 영은 하나님의 말씀을 따르고, 육은 사탄의 음성을 따른다. 혼(정신, 마음)이 어디를 선택할까? 혼이 영의 생각을 따라 새롭게 변화되면 영적 전쟁에서 이길 수 있다. 그러나 마귀가 넣어주는 생각을 따르면 마귀 나라의 종이 된다. 사탄은 우리를 속여야 권세를 행사할 수 있다. 마귀가 던진 생각을 내 생각으로 받아들이지 말자. 내 생각이기 이전에 마귀가 넣어준 생각이다. 내 생각과 마귀 생각을 분리하자. 사탄의 거짓말과 계략에 속지 말자. 진리의 말씀에 서자.

영계에서 문제가 풀려야 현실계의 문제도 풀린다. 문제를 유발한 죄 문제를 해결하고, 세대를 이어온 마귀의 저주를 풀어야 한다. 현실의 문제를 잡고 있는 영계의 악한 영들과 싸워 이겨야 한다. 마귀 세력들을 예수의 이름으로 파괴하고 분쇄하여 무저갱으로 보내야 한다. 현실의 문제에 상응하는 영계의 문제를 해결하여 현실의 문제를 해결하자. 입술의 권세로 악한 영을 파쇄하는 하나님 나라의 용사가 되자.

02
그리스도의 십자가의 신비

　하나님은 하나님 나라를 세우기 위해 아브라함을 부르셨다. 아브라함을 통해 이스라엘 백성을 만들고, 이스라엘을 통해 열방에 하나님 나라를 확장하려 하셨다. 이스라엘이 불순종하자 하나님은 대신 아들을 보내셨다. 하나님의 아들 예수 그리스도는 십자가에서 "다 이루었다!"(요 19:30)고 선포하셨다. 무엇을 '다' 이루셨다는 것일까?

　이 땅에서 하나님 나라 즉 하나님이 다시 왕이 되는 일이 이루어졌다는 선포로 이해된다. "아버지의 뜻이 하늘에서와 같이 땅에서도 이루어지게" 되었다는 공표다. 예수 그리스도는 십자가에서 바로 하나님의 언약(covenant)을 이루셨다고 이해된다. "이것은 죄 사함을 얻게 하려고 많은 사람을 위하여 흘리는 바 나의 피 곧 언약의 피니라"(마 26:28). 십자가는 언약의 십자가이고, 예수 그리스도는 십자가에서 하나님의 약속을 이루시기 위해 자기 목숨을 바치셨다는 뜻이다.

하나님 나라와 관련하여, 예수 그리스도는 십자가에서 어떤 일을 이루신 것일까? 이 땅에 하나님의 왕권이 실현되고 하나님의 언약이 이루어졌을 때, 예수 그리스도는 십자가에서 구체적으로 어떤 일을 이루신 것일까? 바울은 예수님이 십자가에서 우리가 당할 일을 대신 당하시고, 우리가 못한 일을 대신 행하시면서 '속죄, 대속물과 속량, 화해, 승리, 치유, 저주 풀심, 사랑, 순종'이라는 8가지 일을 이루셨다고 설명했다.

속죄

예수 그리스도는 십자가에서 우리 대신 우리 죄를 속죄하기 위한 희생 제물이 되셨다. 우리 죄 값을 대신 치르시고 우리 죄에 대한 하나님의 진노를 푸셨다. "이 예수를 하나님이 그의 피로써 믿음으로 말미암는 화목제물(속죄 제물)로 세우셨으니 이는 하나님께서 길이 참으시는 중에 전에 지은 죄를 간과하심으로 자기의 의로우심을 나타내려 하심이니라"(롬 3:25).

이스라엘 사람들은 양이나 소의 피로 제사를 드리고 죄 사함을 받았다. 하나님이 동물 피로 그들의 죄에 대한 진노를 거두시고 그들의 죄를 덮어 주셨다. 교회의 성도들은 예수 그리스도의 피로 죄

사함을 받았다. 예수 그리스도가 단번에 자기 피로 영원한 속죄 제사를 드리셨다(히 9:12).

예수 그리스도는 십자가에서 우리가 받을 형벌을 대신 받으셨다. 하나님은 우리 모든 사람을 위하여 아들을 아끼지 아니하고 내주셨다(롬 8:32). 예수 그리스도는 모든 인간을 대표하여 대리적으로(vicarious) 죽으셨고, 우리 한 사람 한 사람을 대신하여 (substitutive) 죽으셨다. "한 사람이 모든 사람을 대신하여 죽었은즉 모든 사람이 죽은 것이라"(고후 5:14), "하나님이 죄를 알지도 못하신 이를 우리를 대신하여 죄로 삼으신 것은 우리로 하여금 그 안에서 하나님의 의가 되게 하려 하심이라"(고후 5:21).

인간의 문제는 죄의 문제다. 죄가 하나님과 인간 사이를 가로막았고, 인간 사이의 관계를 단절시켰다. 한번 지은 죄는 없어지지 않는다. 죄 값을 치러야 한다. 죄 때문에 병이 오고 죽음이 온다. 죄의식으로 괴로워하고 죄책감에 시달린다. 한번 지은 죄는 어찌할 수 없다. 인간의 죄는 결국 하나님의 정하신 법을 어긴 죄다. 그래서 하늘 법정에서 심판을 받아야 한다. 인간의 법정과 하나님의 법정은 다르다. 인간의 법정은 죄 값을 치르게 한다. 그런데 하늘 법정에서는 예수 그리스도의 피를 보고 우리 죄를 용서하신다. 왜 그런가? 예수 그리스도가 십자가에서 우리 죄를 대신 지고 죄 값을 치르고 우리 대신 처벌을 받으셨기 때문이다.

죄는 여전히 죄이다. 한번 엎질러진 물을 어떻게 담을 수 있겠는가! 우리 죄가 용서받았다 하더라도 우리 죄가 없어진 것은 아니다. 우리 죄는 그대로 있고, 우리는 여전히 죄인이다. 그런데 죄의 효력이 없어졌다. 하나님이 십자가를 보시고 우리 죄책을 더 이상 묻지 않으시기 때문이다. 가끔 죄가 생각난다. 그러나 죄의식과 죄책감 대신 보혈에 대한 감사와 찬양이 넘친다. 다 예수 그리스도의 공로 덕분이다.

대속물과 속량

예수 그리스도는 십자가에서 우리 대신 대속물이 되시고 우리를 속량(해방)하셨다. "그가 모든 사람을 위하여 자기를 대속물로 주셨으니 기약이 이르러 주신 증거니라"(딤전 2:6), "그리스도 예수 안에 있는 속량으로 말미암아 하나님의 은혜로 값없이 의롭다 하심을 얻은 자 되었느니라"(롬 3:24). 대속물(속전, ransom)은 전쟁에서 사로잡혀 갇혀 있는 전쟁 포로를 빼내기 위한 몸값을 말한다. 속량(redemption)은 노예 시장에서 몸값을 주고 노예를 사 오는 것을 말한다.

인간은 자기 의지대로 사는 것 같아도 사실은 무엇인가에 매여 산다. 내가 숭배하는 우상의 종이 되어 평생 노예처럼 산다. 욕망을 채우다가 중독되어 산다. 어딘가에 갇혀서 산다. 빠져나가고 싶어도 나가지 못한다. 꼭 포로수용소 안에서 사는 것 같다.

인간은 이처럼 세상에서 포로가 되어 감옥 안에 갇혀 산다. 그러나 예수 그리스도는 십자가에서 자기 목숨으로 우리 몸값을 지불하고 우리를 감옥에서 건져 내셨다. 우리는 세상에서 노예와 종처럼 산다. 그러나 예수 그리스도는 우리 몸값을 지불하고 우리를 노예와 종살이에서 풀어 주셨다. 예수 그리스도의 십자가로 말미암아 우리는 억압에서 해방되고 자유를 얻었다.

화해

예수 그리스도는 십자가에서 우리 대신 하나님의 원수가 되심으로 하나님과 인간의 화해를 주선하셨다. "곧 하나님께서 그리스도 안에 계시사 세상을 자기와 화목하게 하시며 그들의 죄를 그들에게 돌리지 아니하시고 화목하게 하는 말씀을 우리에게 부탁하셨느니라"(고후 5:19), "그의 십자가의 피로 화평을 이루사 만물 곧 땅에 있는 것들이나 하늘에 있는 것들이 그로 말미암아 자기와 화목하게 되기를 기뻐하심이라"(골 1:20).

인간의 또 다른 문제는 적대적 관계다. 우리는 관계가 깨질 때 말할 수 없는 고통을 당한다. 자녀가 부모에게 대적한다. 부부 관계가 악화된다. 친구가 배신한다. 정치적으로 두 나라가 대립한다. 적대적인 원수 관계는 정말 우리를 힘들게 한다.

인간과의 관계가 깨져도 이렇게 어려운데, 하나님과의 관계가 깨지면 얼마나 힘들까! 우리가 하나님과 원수 관계를 맺고 살 방법이 있을까? 우리는 너무 오랫동안 하나님과 적대 관계 속에서 살았다. 우리 삶은 너무 고통스러웠다. 그런데 하나님이 예수 그리스도의 십자가 안에서 세상과 화해한다고 선포하셨다. 아직 인간이 하나님의 화해를 받아들이지 않았는데도 불구하고, 하나님 편에서 일방적으로 적대 관계를 청산하셨다.

우리 인생은 하나님의 마음에 많은 상처를 입혔다. 그러나 하나님은 아들의 십자가 안에서 일방적으로 인간과 화해하기로 결정하셨다. 아직 인간은 하나님의 화해를 받아들이지 않았다. 그러나 하나님은 우선 일방적으로 화해를 선언하셨다. 왜 그러셨을까? 인간과 적대적 관계를 계속하면 인간이 더 이상 살길이 없어서 그러셨을 것이다. 인간이 화해를 거부해도 하나님은 화해하겠다고 결단하신 것이다.

승리

예수 그리스도는 십자가에서 우리 대신 사탄의 권세를 깨뜨리고 승리하셨다. 예수 그리스도는 "통치자들과 권세들을 무력화하여 드러내어 구경거리로 삼으시고 십자가로 그들을 이기셨다"(골 2:15), "하나님의 아들이 나타나신 것은 마귀의 일을 멸하려 하심이라"(요일 3:8).

인간의 문제는 꼭 이겨야 할 싸움에서 자꾸 진다는 것이다. 유혹에 지고, 위협에 무너진다. 꼭 해내야 할 과제를 해내지 못한다. 사람에게 지고, 자기 자신에게도 진다. 이 모든 패배 뒤에는 마귀에 대한 패배가 있다.

예수 그리스도가 십자가에서 사탄에게 결정적으로 승리하셨다. 최후의 승리의 날(Victory Day)은 아직 남아 있다. 그러나 십자가에서 이미 대반전(Decision Day)이 일어났다. 사탄의 나라가 점점 더 무너지고 있다. 여전히 강력하지만 계속 패배하고 있다.

예수 그리스도는 특별히 사탄이 잡고 있는 죽음의 권세를 깨뜨리고 승리하셨다. 바울은 예수님의 십자가와 부활에 근거하여 "사망아 너의 승리가 어디 있느냐 사망아 네가 쏘는 것이 어디 있느냐"(고전 15:55) 하고 외쳤다. 그리고 "우리 주 예수 그리스도로 말미암아 우리에게 승리를 주시는 하나님께 감사하노니"(고전 15:57)라고 찬양했다.

치유

예수 그리스도는 십자가에서 우리 대신 병을 짊어지셨다. "우리의 연약한 것을 친히 담당하시고 병을 짊어지셨도다"(마 8:17), "친히 나무에 달려 그 몸으로 우리 죄를 담당하셨으니 이는 우리로 죄에 대하여 죽고 의에 대하여 살게 하려 하심이라 그가 채찍에 맞음으로 너희는 나음을 얻었나니"(벧전 2:24).

우리 인생은 이모저모로 병들어 있다. 큰 병이 아니라도 수시로 작은 병에 걸린다. 몸의 병이 아니라도 마음의 병을 앓고 있다. 때로는 인간의 힘으로 고치지 못하는 불치병에 걸리기도 한다.

예수 그리스도는 십자가에서 우리 병을 고치셨다. 우리 영혼의 죄만 용서하신 것이 아니라 우리 몸의 병도 치유하셨다. 어떻게 그러셨는가? 십자가에서 우리 병을 대신 짊어지셨다. 우리 병을 대신 앓으셨다. 우리 대신 아프셨다. 십자가에서 죄값뿐만 아니라 병값도 치르셨다.

저주 푸심

예수 그리스도는 십자가에서 우리 대신 저주를 받으셨다. 우리가 받을 저주를 대신 받으셨다. "그리스도께서 우리를 위하여 저주를 받은 바 되사 율법의 저주에서 우리를 속량하셨으니 기록된 바 나무에 달린 자마다 저주 아래에 있는 자라 하였음이라"(갈 3:13).

인생은 참 복이 없다. 아무리 노력해도 수고한 만큼 열매를 거두지 못한다. 열심히 노력해도 실패할 때가 더 많다. 학생은 공부한 만큼 성적이 안 나오고, 사업하는 사람은 수고한 만큼 돈을 벌지 못한다. 왜 그런가? 하나님의 은혜로 살지 않고 내 힘으로 살기 때문이다. 하나님의 법대로 살지 않고 내 뜻대로 살기 때문이다. 사실 인간이 당하고 있는 저주는 율법의 저주다. 하나님의 법에 순종하지 않아서 저주 아래 있는 것이다.

예수 그리스도는 십자가에서 우리가 받은 율법의 저주를 푸셨다. 어떻게 푸셨는가? 우리 저주를 대신 받고 우리 저주를 푸셨다. 그래서 우리가 하나님의 복을 다시 받을 수 있는 길을 열어 놓으셨다. 우리가 노력한 것보다 더 많은 열매를 거둘 수 있도록 축복해 주셨다. 지금 행복한가? 그러면 예수 그리스도가 우리 대신 불행을 당하셔서 그런 것이다. 지금 부유한가? 그러면 예수 그리스도가 우리 대신 가난하셔서 그런 것이다. "우리 주 예수 그리스도의 은혜를 너희가 알거니와 부요하신 이로서 너희를 위하여 가난하게 되심은 그의 가난함으로 말미암아 너희를 부요하게 하려 하심이라"(고후 8:9).

사랑

예수 그리스도는 십자가에서 우리 대신 하나님을 사랑하고 불쌍한 인간을 사랑하셨다. 하나님 아버지는 아들의 대리적 죽음을 통해 하나님의 사랑을 보여주셨다. "우리가 아직 죄인 되었을 때에 그리스도께서 우리를 위하여 죽으심으로 하나님께서 우리에 대한 자기의 사랑을 확증하셨느니라"(롬 5:8). 그러나 십자가를 조금 더 묵상해 보면, 예수 그리스도가 우리 대신 하나님을 사랑하신 일이다. 아담이 못한 일을 대신 성취하신 일이다. 우리가 못한 이웃 사랑을 우리 대신 행하신 일이다.

　인간의 문제는 외롭다는 것이다. 우리는 참 고독하게 산다. 군중 속에 있어도 고독하다. 그래서 우리는 사랑을 갈망한다. 나를 사랑해 주는 사람이 있을까? 누가 나를 사랑해 줄까? 어디 나를 사랑해 줄 사람이 없을까? 그러나 우리를 사랑하는 사람은 많지 않다. 왜 나는 사랑을 받지 못할까? 아마 내가 사랑스런 사람이 아니기 때문일 것이다. 내가 별로 가치 없는 사람이기 때문일 것이다. 가끔 사랑을 받기도 한다. 그러나 사랑을 받아도 조건적이고 타산적이다. 주고받는 사랑이면 그나마 다행이다. 사랑을 준 만큼 받지도 못하는 사랑이 많다.

　예수 그리스도는 십자가에서 무가치한 사람도 사랑해 주셨다. 사랑스럽지 않은 사람도 사랑하셨다. 자기 나라를 위해 목숨을 바치는 애국자가 있다. 백성을 위해 목숨을 바치는 의인들이 가끔 있다. 친구를 위해 의리를 지키기 위해 자기 목숨을 내놓는 사람도 있다. 그러나 죄인을 위해 목숨을 내놓은 사람은 예수 그리스도밖에 없는 것 같다. 예수 그리스도는 십자가에서 세상이 버린 사람도 사랑하셨다. 세상이 경멸하는 사람도 사랑하셨다. 자기를 대적하는 사람도 사랑하셨다. 왜 그러셨을까? 우리 중 일부라도 그렇게 살 수 있는 길을 여시기 위해서가 아닐까?

순종

예수 그리스도는 십자가에서 우리 대신 하나님께 순종하셨다. 얼마나 순종하셨는가 하면 죽기까지 순종하셨다. "사람의 모양으로 나타나사 자기를 낮추시고 죽기까지 복종하셨으니 곧 십자가에 죽으심이라"(빌 2:8). 예수 그리스도는 십자가에서 아담이 못한 순종을 대신 이루셨다. 우리 대신 하나님께 순종하셨다.

인간의 문제는 고집이 너무 세다는 것이다. 우리는 자기 뜻을 성취하고 자기를 실현하려고 노력한다. 그러다 보니 자기 뜻을 이루기 위해 다른 사람의 의견을 쉽게 묵살한다. 자기 생각을 관철시키기 위해 다른 이의 생각을 무시한다. 사람의 뜻뿐만 아니라 하나님의 뜻도 거부한다. 하나님의 계명을 어기고 하나님의 명령을 거절한다.

예수 그리스도는 겟세마네 동산에서 순종의 본을 보이셨다. "나의 원대로 마시옵고 아버지의 원대로 하옵소서"(막 14:36). 예수 그리스도는 겟세마네 동산에서 이루 말할 수 없는 슬픔과 고뇌에 사로잡히셨다. 온 세상의 죄를 짊어지셔야 했기 때문일 것이다. "나의 하나님, 나의 하나님 어찌하여 나를 버리셨나이까?"(시 22:1, 막 15:34), 그렇게 기도할 수밖에 없었다. 왜 그러셨을까? 우리 중 일부라도 그렇게 살 수 있는 길을 여시기 위해서 그러셨을 것이다.

예수 그리스도는 우리 대신 죄사함, 해방과 자유, 화해, 승리, 치유, 축복, 사랑, 순종을 이루셨다. 누구를 위하여 이 일을 하셨는가? 우리를 위하여 하셨다. 그러면 어찌 되는가? 이 모든 유익이 다 믿는 자들의 것이 된다. 문제는 우리가 십자가의 은혜를 다 누리지 못하고 있다는 데 있다. 그런 의미에서 십자가는 여전히 신비다. 이 땅에서 십자가는 우리에게 여전히 신비로 남아 있다. 도대체 주님은 십자가에서 어떤 일을 성취하신 것일까? 천국에 들어간들 우리가 십자가의 신비를 다 이해할 수 있을까?

성 금요일의 기도

주께서 내려오심으로 나는 올라가게 되었습니다.
주께서 가난하심으로 나는 부요하게 되었습니다.
주께서 외로우심으로 나는 친구를 얻게 되었습니다.
주께서 배신당하심으로 나는 충성스런 사람을 얻게 되었습니다.
주께서 체포당하심으로 나는 풀려나게 되었습니다.
주께서 죄인으로 선고받으심으로
　　　　나는 의인으로 인정받게 되었습니다.
주께서 침 뱉음을 당하심으로
　　　　나는 침을 씻음받게 되었습니다.
주께서 모욕을 당하심으로 나는 영예를 얻게 되었습니다.

주께서 수치를 당하심으로 나는 영광스럽게 되었습니다.

주께서 조롱을 당하심으로 나는 찬사를 받게 되었습니다.

주께서 심문을 받으심으로 나는 변호를 받게 되었습니다.

주께서 채찍에 맞으심으로 나는 나음을 받게 되었습니다.

주께서 십자가를 지고 가심으로

　　　나는 죄짐을 벗고 가게 되었습니다.

주께서 쓰러지심으로 나는 일어서게 되었습니다.

주께서 옷 벗김을 당하심으로 나는 의의 옷을 입게 되었습니다.

주께서 못 박히심으로 나는 마음의 가시가 뽑히게 되었습니다.

주께서 피를 흘리심으로 나는 생명의 피를 받게 되었습니다.

주께서 목마르심으로 나는 더 이상 목마르지 않게 되었습니다.

주께서 다 이루심으로 나는 더 이룰 필요가 없게 되었습니다.

주께서 죽으심으로 나는 영생을 얻게 되었습니다.

주께서 묻히심으로 나는 부활하게 되었습니다.

03
성령의 은혜와 은사

하나님 아버지는 하나님 나라를 계획하고 설계하셨다. 예수 그리스도는 십자가에서 하나님 나라의 언약을 이루셨다. 성령님은 하나님 나라 안으로 들어가 천국의 삶을 살 수 있게 하신다.

성령은 누구신가?

성령은 누구신가? 성령은 하나님이시다. 삼위일체의 제3 위격(인격)으로서 영원 전부터 아버지와 아들과 함께 사랑의 교제 안에서 사셨다. 구약에서 성령은 여호와의 영으로 역사하셨다. 복음서에서는 주로 예수 그리스도 안에서 역사하셨다. 오순절 이후에는 하나님과 예수 그리스도의 파송을 받아 자신의 고유한 이름, 성령으로 역사하셨다.

우리는 성령님께 늘 도움을 간구한다. 그러나 성령님께 경배드리는 일은 잘하지 못한다. 성령님이 인격이 있는 하나님이라는 인식이 없어서 그런 것 같다. 성령은 아버지와 아들과 더불어 우리의 경배를 받고 우리의 영광을 받기에 합당하신 분이다.

성령은 무엇을 하는가?

성령은 하나님 아버지의 일 즉 창조와 섭리의 일을 같이 하시고, 예수 그리스도의 일 즉 구원 사역을 같이 하신다. 그러나 성령은 거룩한 영으로서 자신의 고유한 사역을 행하신다. 무슨 일을 하시는가? 바로 계시와 구원과 능력의 일을 하신다.

성령은 계시의 영으로서 성경을 조명해 주신다. 보혜사로서 특별히 예수 그리스도가 어떤 분이신지, 어떤 일을 하셨는지 깨닫게 하신다. "보혜사 곧 아버지께서 내 이름으로 보내실 성령 그가 너희에게 모든 것을 가르치고 내가 너희에게 말한 모든 것을 생각나게 하리라"(요 14:26). 성령은 구원의 영으로서 성도를 구원하신다. 우리의 죄와 의와 심판에 대하여 책망하시고 깨닫게 하신다(요 16:8). 죄에서 구원하시고 사망에서 구원하시고 곤경에서 구해 주신다. 성령은 능력의 영으로서 성도에게 권능을 주신다. 마귀 나라를 극복할 능력을 주신다. 하나님의 권위를 대행하는 권세를 주신다.

성령의 은혜와 은사

계시와 구원과 능력의 영이신 성령은 우리에게 성령의 은혜와 은사를 베푸신다. 은혜와 은사는 성령의 이중적 사역이다. 은혜는 성령의 인격의 역사이고, 은사는 성령의 능력의 역사다. 은혜는 성령의 열매를 맺게 하고, 은사는 성령의 권능을 행하게 한다. 은혜는 구원을 위한 것이고, 은사는 사역을 위한 것이다. 은혜는 보편적이고, 은사는 특수한 것이다. 은혜는 필수적이고, 은사는 선택적이다. 은혜는 영원하고, 은사는 일시적이다.

성령의 은혜는 9가지 열매를 맺게 한다. "오직 성령의 열매는 사랑과 희락과 화평과 오래 참음과 자비와 양선과 충성과 온유와 절제니"(갈 5:22-23). 성령의 열매는 하나님의 성품과 그리스도의 인격이 성도에게 부어지는 것이다. 성령의 은사는 9가지 은사로 나타난다. "어떤 사람에게는 성령으로 말미암아 지혜의 말씀을, 어떤 사람에게는 같은 성령을 따라 지식의 말씀을, 다른 사람에게는 같은 성령으로 믿음을, 어떤 사람에게는 한 성령으로 병 고치는 은사를, 어떤 사람에게는 능력 행함을, 어떤 사람에게는 예언함을, 어떤 사람에게는 영들 분별함을, 다른 사람에게는 각종 방언 말함을, 어떤 사람에게는 방언들 통역함을 주시나니"(고전 12:8-10).

성령의 은사

성령의 은혜에 대하여 교회는 의견이 일치한다. 그러나 성령의 은사에 대해서는 논란이 많다. 초대 교회로 끝났다는 주장도 있고, 지금도 계속되고 있다는 주장도 있다. 바울은 사랑을 추구하되 신령한 것들을 사모하라고 권면했다(고전 14:1). 은혜와 은사를 둘 다 추구하라는 말로 이해된다.

바울은 고린도전서 12장과 14장에서 성령의 은사에 대해 썼다. 13장은 사랑장이고 12, 14장은 은사장이다. 성령의 은사로 사랑을 실천하라는 말씀으로 이해된다. 바울은 특별히 은사가 성도의 덕을 세운다고 했다. "방언을 말하는 자는 자기의 덕을 세우고 예언하는 자는 교회의 덕을 세운나니"(고전 14:4). '덕을 세운다'('오이코도메오')는 것은 건축한다(building up) 또는 강하게 한다(strengthen)는 뜻이다. 성령의 은혜도 성도를 세우겠지만 성령의 은사가 더 특별히 강하게 세우는 면이 있다는 뜻으로 이해된다.

은사는 하나님이 하나님의 백성을 준비시키기 위해 주신 초자연적 능력이다. 영적 전쟁을 수행하기 위한 영적 장비요 무기다. 하나님 나라를 세우기 위한 사역의 도구요 선교의 도구다. "우리의 싸우는 무기는 육신에 속한 것이 아니요 오직 어떤 견고한 진도 무너뜨리는 하나님의 능력이라"(고후 10:4).

은사는 세 가지 종류로 분류된다. 영국의 복음주의 신학자 마이

클 그린은 성령의 은사를 말(utterance)의 은사, 행함(action)의 은사, 앎(knowledge)의 은사로 분류했다. 미국의 오순절 조직신학자 웨인 그루뎀은 지식의 은사, 능력의 은사, 말의 은사로 분류했다. "믿음의 말씀" 운동을 이끈 케네스 해긴(1917-2003)도 계시의 은사, 능력의 은사, 말의 은사로 분류했다.

방언의 은사, 방언 통역의 은사, 예언의 은사는 말의 은사에 해당되고, 믿음의 은사, 병 고치는 은사, 능력 행함의 은사는 행함(능력)의 은사에 해당되고, 지식의 말씀의 은사, 지혜의 말씀의 은사, 영분별의 은사는 앎(계시)의 은사에 해당된다. 지혜의 말씀과 지식의 말씀과 영분별은 성령의 관점으로 보고 알게 하는 은사다. 이것은 성령의 눈의 역할을 한다. 예언과 방언과 방언 통역은 내 생각과 상관없이 초자연적으로 미지의 것을 말하는 은사다. 이것은 성령의 입의 역할을 한다. 믿음과 병 고치는 은사와 능력 행함은 성령의 권능을 초자연적으로 나타내는 은사다. 이것은 성령의 손의 역할을 한다.

계시의 은사 중에서, 지식의 말씀의 은사는 성령이 우리가 모르는 사실과 정보를 알려 주는 은사다. 과거와 현재의 사실에 대한 정보를 아는 초자연적 능력이다. 지혜의 말씀의 은사는 성령이 하나님의 목적과 계획을 알려 주시는 은사다. 문제를 해결할 수 있는 초자연적 통찰력이다. 영분별의 은사는 환상으로 영의 세계를 보는 은사다. 자연계에서 일어나는 사건에 영향을 주는 영적 세력을 분별하는 초자연적 능력이다.

능력의 은사 중에서, 믿음의 은사는 하나님의 약속을 믿고 응답 받는 은사다. 하나님의 뜻과 방법을 믿음으로 알고 이루어내는 초자연적 능력이다. 하나님께 맡기고 불가능한 재정의 공급을 받거나 위기 상황에서 기적적으로 구출받는다. [성경은 세 가지 믿음을 말하는 것 같다. 첫째, 구원 받는 믿음이 있고, 둘째, 성령의 은사로서 믿음의 은사가 있고, 셋째, 성령의 열매로서 믿음(충성)의 열매가 있는 것 같다.] 병 고치는 은사는 육체의 질병을 치유하는 은사다. 능력 행함의 은사는 기적을 일으키는 은사다. 불가능한 일을 해내는 초자연적 능력이다. 성령의 능력으로 자연과 물질의 법칙을 초월하여 초자연적 능력을 행사하고 마귀와 사망의 세력을 제압한다. 축귀의 은사는 능력 행함의 은사에 속한다.

말의 은사 중에서, 방언의 은사는 성령의 말하게 하심을 따라 말하는 은사이다. 배우지 않은 언어로 말하는 초자연적 능력이다. 방언에는 인간이 알아들을 수 있는 언어가 있고(행 2:5-13), 하나님께 영으로 비밀을 말하는 초자연적 기도의 언어가 있다(고전 14:2). 방언 통역의 은사는 방언의 뜻을 마음으로 알아듣고 말하는 은사다. 방언을 해석하는 초자연적 능력이다. 방언하게 하시는 성령에게 집중하여 그 뜻을 순간적으로 깨닫는다. 예언의 은사는 하나님이 마음에 주시는 것을 인간의 언어로 말하는 은사다. 어떤 상황에서 하나님의 생각과 마음을 아는 초자연적 능력이다.

성령의 은사 세계에는 가짜와 모조가 많다. 성령의 은사를 성령의 열매로부터 분리시킨다. 은사를 주시는 하나님보다 은사 자체에 열광하게 한다. 성령의 표적을 미신과 마술로 변질시킨다. 은사를 이기적으로 실용적 목적으로 사용한다. 은사를 이용하여 다른 사람을 조종한다. 그러다가 악한 영에게 미혹 당한다. 그러나 가짜가 있다는 것은 진짜가 있다는 것이 아닐까? 모조품이 있으면 진품도 있지 않을까? 은사는 분별할 일이지 부정할 일은 아니다.

성령 세례와 성령 충만

성령이 역사하는 순서와 관련하여, 장로교 신학은 먼저 '성령 세례'를 받는다고 본다. 성령이 신자에게 처음으로 임하는 사건을 말한다. 그러나 성령 세례를 반드시 일회적으로 제한할 필요는 없다고 생각한다. 성령 세례의 역사는 다양한 것 같다. 성령 세례 때 은혜를 받기도 하고 은사를 받기도 한다. 둘 다 받기도 하고 하나만 받기도 한다. 성령 세례 때 잠재적으로 받은 은혜와 은사는 평생 동안 서서히 드러나는 것 같다.

성령 세례를 받은 신자는 '성령 충만'을 받는다. 성령 충만은 성령이 우리 인격을 전적으로 지배하는 상태를 말한다. 내 삶의 모든 영역이 성령의 인도를 받게 되는 것을 말한다. 성령 충만은 당연히 반복된다. 지속될수록 좋고 반복될수록 좋다.

성경은 성령 세례와 성령 충만뿐만 아니라 성령의 인도하심, 성령의 인치심, 성령의 기름 부음 등으로 성령의 사역을 표현한다. 성령의 인도는 성령의 감동을 받아 순종하는 것을 의미한다. 성령의 인치심은 성령이 도장 찍듯 보증하시고 확신을 주시는 것을 의미한다. 성령의 기름 부음은 주님이 맡기신 일을 하게 하는 능력으로 해석된다. 성령의 기름 부음은 직분을 감당하는 능력으로서 영적 사역에 절대적으로 필요하다.

성령의 일시적 충만과 지속적 충만

성령 충만과 관련하여 예수원의 대천덕 신부(1918-2002)는 두 가지 성령 충만이 있다고 설명했다. 누가복음과 사도행전이 성령 충만을 성령의 일시적 충만(πλεθ, pleth)과 지속적 충만(πλερ, pler)으로 구분했다고 보았다. 성령의 일시적 충만은 사역이 필요할 때 잠시 나타나는 역사이고, 성령의 지속적 충만은 인격 안에 머무는 역사라고 말했다.

성령의 일시적 충만은 선교 현장에서 하나님의 권능이 나타날 필요가 있을 때, 성령의 은사가 순간적으로 충만하게 역사하는 경우를 말한다. 엘리사벳과 사가랴는 아들 세례 요한을 낳는 과정에서 성령의 충만함을 받았다(눅 1:15, 1:41, 1:67). 오순절 날, 120명의 제자들은 성령의 충만함을 받고 다른 방언으로 말을 하여, 여러 나라에서 온 사람들에게 하나님의 큰일을 듣게 했다(행 2:4). 베드로는 공회 앞에서 성령이 충만하여 예수를 그리스도라고 증언했다(행 4:8). 예루살렘 교회 성도들은 제사장과 장로들의 위협을 듣고 간절하게 기도한 후 성령이 충만하여 담대하게 하나님 말씀을 전했다(행 4:31). 바울은 아나니아의 안수로 성령이 충만하게 되어 눈에서 비늘 같은 것이 벗겨지고 다시 보게 되었다(행 9:17). 바울은 구브로 섬에서 성령이 충만하여 복음에 대적하는 마술사 엘루마를 말의 권능으로 맹인이 되게 했다(행 13:9).

성령의 지속적 충만은 성령이 신자의 인격 안에 지속적으로 충만한 것을 말한다. 성령이 신자에게 내주하며 신자의 삶을 지배하는 경우다. 예수 그리스도는 요단강에서 세례를 받은 후 성령의 충만함을 입고 광야로 가서 40일 동안 시험을 받고 이기셨다(눅 4:1). 사도들은 예루살렘 교회에서 기도와 말씀 사역에 전념하기 위해 성령과 지혜가 충만한 일곱 사람을 뽑았다(행 6:3). 스데반은 순교할 때 성령이 충만하여 하늘을 우러러 하나님의 영광과 예수님이 하나님 우편에 서신 것을 보았다(행 7:55). 바나바는 착한 사람이요 성령과 믿음이 충만한 사람이었다(행 11:24). 바울과 바나바가 비시디아 안디옥에서 전도할 때 이방인 제자들은 기쁨과 성령이 충만했다(행 13:52).

바울은 에베소서에서 술 취하지 말고 성령으로 충만함을 받으라고 권면했다(엡 5:18). 요한은 배에서 흘러나오는 '생수의 강'에 대한 예언을 들었다(요 7:37-39). 오순절 이후 신자들 안에 주께 받은 기름 부음이 거하는 것을 경험했다. "너희는 주께 받은 바 기름 부음이 너희 안에 거하나니"(요일 2:27), "그의 계명을 지키는 자는 주 안에 거하고 주는 그의 안에 거하시나니 우리에게 주신 성령으로 말미암아 그가 우리 안에 거하시는 줄을 우리가 아느니라"(요일 3:24), "누구든지 예수를 하나님의 아들이라 시인하면 하나님이 그의 안에 거하시고 그도 하나님 안에 거하느니라 하나님이 우리를 사랑하시는 사랑을 우리가 알고 믿었노니 하나님은 사랑이시라 사랑 안에 거하는 자는 하나님 안에 거하고 하나님도 그의 안에 거하시느니라"(요일 4:15-16).

성령의 일시적 충만은 하나님의 능력이 나타날 필요가 있을 때 순간적으로 역사하는 것이다. 성령의 지속적 충만은 성령이 인격 안에 지속적으로 충만하게 내주하는 것이다. 성령의 일시적 충만은 성령의 은사의 충만과 관련되고, 성령의 지속적 충만은 성령의 은혜의 충만과 관련된다. 성령 충만한 삶은 성령의 인도를 받고 성령의 능력으로 사는 삶이다.

성령의 직접적 역사와 매개적 역사

성령은 직접적으로 역사하기도 하고 매개적으로 역사하기도 하신다. 성령은 신자에게 일대일로 역사하기도 하고, 매개자 또는 매체(media)를 통해 역사하기도 하신다. 성령의 직접적(immediate) 역사와 매개적(mediate) 역사를 둘 다 인정하자. 성령은 어느 누구를 통하지 않고 직접적으로 나에게 역사하실 수 있다. 누가 성령의 바람을 막겠는가! 그러나 더 보편적인 것은 성령의 매개적 역사이다. 성령이 '은총의 수단'인 말씀과 성례전과 사역자 등의 매개와 매체를 사용하실 때가 많다고 본다. 성령은 다양한 은총의 수단을 사용하실 만큼 자유로운 분이시다.

우리는 하나님께 직접 기도하여 성령을 받을 수 있다. 예수 그리스도가 성령을 주신다고 약속했기 때문이다. 일대일로 성령 하나님을 만나는 신자들이 많다. "성령이여, 임하시옵소서." 하며 정말 간절히 기도한다. 우리 영 안에 성령이 내주하고 있겠으나 더 강력한 성령의 역사가 필요하니 그렇게 기도할 것이다. 그러나 사역자나 공동체를 통해 성령을 받는 일이 더 많은 것 같다.

어떻게 성령을 받는가?

어떻게 하면 성령을 받을 수 있을까? 성령이 역사하는 공간으로 들어가야 한다. 성령을 조종할 수는 없으나 사모할 수는 있다. 성령을 갈망하는 사람은 성령이 역사하는 곳을 찾는다. 신령한 예배와 설교, 뜨거운 경배와 찬양, 열정적인 기도로 성령이 뜨겁게 역사하는 공간이 있다. 한두 번으로 안 될 것이다. 계속 간구해야 한다. 성령을 지속적으로 갈망하는 이들을 성령이 어떻게 외면하시겠는가?

사도행전에서 초대 교회 성도들은 바람 같은 소리와 불의 혀 같은 형태로 성령을 경험했다. 아우구스티누스는 『삼위일체론』에서 성령이 피조물의 형상으로 오신다고 했다(II, 6, 11). 하나님의 아들 예수 그리스도는 인간의 몸을 입고 이 땅에 오셨으나, 성령은 우리에게 다양한 피조물의 형상으로 오신다는 것이다. 성령의 역사가 궁금해서 신실한 성도들에게 어떻게 성령을 경험했느냐고 물어보았다. 성도들은 성령 체험에 대해 참으로 다양한 체험을 말해 주었다. 불, 빛, 열, 물, 이슬, 바람, 기름, 술, 향기, 전기, 진동, 쓰러짐 등 각가지 체험이 많았다.

불은 정화와 능력을 의미하는 것 같다. 비둘기는 부드러운 인격적 관계를 의미하는 것 같다. 빛은 말씀에 대한 깨달음을 의미하는 것 같다. 열은 사랑과 에너지를 의미하는 것 같다. 물은 씻음과 생기를 의미하는 것 같다. 이슬은 정결함과 새로움을 의미할 것 같다. 바람은 운동과 에너지를 의미할 것이다. 기름은 직분을 수행하는 능력을 의미하는 것 같다. 술은 사로잡힘과 기쁨을 의미하는 것 같다. 향기는 아름다움과 유쾌함을 의미할 것 같다. 진동과 전기는 에너지를 의미하는 것 같다. 쓰러짐은 굴복을 의미하는 것 같다.

성령을 구하는 것은 필요하지만 위험한 일이기도 하다. 은사 운동하다가 이단으로 변질되는 일이 있다. 영계에 성령만 역사하는 것이 아니다. 영계가 열리면 성령이 오시는 통로를 따라 악령도 온다. 인도자가 필요하다. 겸손하고 사랑 많은 은사 사역자를 찾아야 한다. 말씀과 영계에 익숙한 선지자들을 찾자. 말씀으로 분별하고 성품으로 분별하고 열매로 분별하며 성령과 동행하는 길을 찾자.

성령과 동행하는 일은 혼자서는 힘들다. 성령 충만한 공동체의 지체로 붙어야 한다. 성령 충만한 사람들과 어울리다 보면 같이 기름 부음을 받는다. 성령 충만한 공동체를 찾자. 이런 세계도 있구나! 하나님은 이런 일도 행하시는구나! 이런 은사도 있구나! 하나님이 이렇게까지 쓰시는 사역자도 있구나! 사람을 이렇게까지 쓰시다니, 하나님은 도대체 얼마나 위대한 분이신가! 이런 감탄이 절로 나온다. 영적 지도를 받자. 교회 지체들과 영적인 삶을 서로 나누자. 성령은 공동체의 영이다.

지금까지 하나님 나라를 이해하기 위해 하나님의 통치와 그리스도의 십자가의 신비와 성령의 은혜와 은사에 대해 살펴보았다. 하나님 나라는 삼위일체 하나님이 건국하신 나라다. 창조주 하나님은 아브라함 때부터 하나님 나라를 설계하셨고, 예수 그리스도는 십자가에서 그 약속을 성취하셨고, 성령은 교회와 세상에서 하나님 나라를 실현하고 계시다.

하나님은 우주를 창조하신 분이시니 우주를 직접 통치하실 수 있는 분이시다. 그런데 왜 인간을 통해 통치하길 원하셨을까? 잘 이해가 안 된다. 인간을 하나님의 형상대로 창조하시고 인간에게 이 땅의 통치를 맡기셨다(창 1:27-28). 왜 그러셨을까?

아담은 사탄에게 속아 이 땅의 통치권을 사탄에게 넘겼다. 그래도 하나님 나라의 경영은 계속되었다. 하나님은 다시 하나님 나라를 운영할 하나님 나라의 상속자와 통치자를 세우는 일을 하셨다. 당신 혼자서는 안 하시기로 하셨다. 왜 그러셨을까?

아무래도 관계 때문인 것 같다. 하나님이 인간과 관계를 맺고 싶어 그러셨던 것 같다. 하나님은 인간을 통해 하나님 나라를 다스릴 때, 인간의 4가지 관계를 통해 통치하시는 듯하다. 창세기 2-3장을 보면, 인간은 4가지 관계를 맺고 살도록 창조되었다. 첫째는 하나님과의 관계이고, 둘째는 사람들과의 관계이고, 셋째는 자연과의 관계이고, 넷째는 자기 자신과의 관계이다. 앞의 세 관계는 쉽게 이해된다. 하나님 관계, 인간 관계, 자연 관계가 '샬롬'을 이루는 '천지인' 합일의 세계이다. 네 번째 관계는 인간이 여러 부분으로 구성되어 있다는 것을 전제하고 있다. 인간은 복잡하다. 하나님이 하나님 나라에서 언약의 파트너로 삼으신 인간은 어떤 존재일까?

04
영이란 무엇인가?

인간이란 누구인가?

인문학의 영원한 질문이다. 생물학자는 인간을 진화하는 동물로 본다. 유전자가 조정하는 유기체라는 것이다. 뇌 과학자들은 의식을 만들어내는 뇌를 인간의 본질로 본다. 경제학자들은 경제적 효율을 추구하는 존재로 본다. 최소의 투자로 최대의 이윤을 얻으려는 존재로 전제한다. 미학자들은 아름다움을 추구하는 예술적 존재라고 말할 것이다.

심리학자들의 의견도 분분하다. 존 왓슨 같은 행동주의 심리학자는 인간을 기계 같은 존재로 본다. 프로이트는 본능적 존재로 보고, 대상관계이론 심리학자들은 관계적 존재로 본다. 칼 로저스와 빅터 프랭클은 자기를 실현하는 존재로 본다. 아브라함 매슬로우는 자아를 초월하는 존재로 본다. 다 맞는 말이다. 다 일리는 있는데 인간을 전체적으로 보지는 못하고 있다.

다차원적 층위적 존재

인간은 복잡한 존재다. 여러 가지 차원으로 구성되어 있는 복합적 존재다. 물리적 차원, 화학적 차원, 생물학적 차원, 사회학적 차원, 인문학적 차원, 영적 차원 등을 다 갖고 있다. 의학은 인간의 신체적 차원을 다루고, 심리학은 심리적 차원을 다루고, 사회과학은 정치 경제 사회적 차원을 다루고, 문화인류학은 문화적 차원을 다루고, 생태학은 생태적 차원을 다루고 종교학은 영적 차원을 다룬다.

통전적 존재

인간은 다차원적 존재이면서 동시에 통전적 존재다. 모든 차원이 한 인격 안에서 통일체를 이루고 상호 작용하고 있다. 인간의 여러 차원이 상호작용하며 한 인격으로 기능하고 있다. 인간은 '다차원적 통일체'(multi-dimensional unity)다.

하나님의 언약의 파트너로서 인간

성경은 인간을 하나님의 피조물이라고 말한다. 하나님은 하나님의 사랑을 실현하기 위해 사랑을 주고받을 존재가 필요했다. 삼위일체 하나님만으로 안 되어 삼위일체 하나님과 교제할 인격으로 인간을 창조하셨다. 하나님은 하나님의 형상대로 인간을 창조하시고 이 땅을 경작하는 일을 맡기셨다. 하나님은 인간과 교통하기 위해 인간 안에 영을 창조하셨다. 타락한 후 인간의 영은 양심이나 하나님 앞에 바로 설 수 있는 인격은 무너진 것 같다.

영이란 무엇인가?

죽지 않는 영

우선 영은 몸이 죽어도 죽지 않는 인간의 실체다. 예수님은 십자가에서 못 박혀 돌아가실 때, "아버지 내 영혼을 아버지 손에 부탁하나이다"(눅 23:46) 하고 기도하신 후 돌아가셨다. 예수 그리스도는 부활하신 후 제자들에게 나타나셔서 "나를 만져 보라 영은 살과 뼈가 없으되 너희 보는 바와 같이 나는 있느니라"(눅 24:39) 하셨다. 인간의 영은 몸이 아니고, 몸이 죽어도 죽지 않는 실체라는 것이다.

형상이 있는 영

인간의 영은 몸은 없으나 몸의 형상은 갖고 있는 것 같다. 예를 들어 변화산에서 모세와 엘리야의 영이 예수 그리스도에게 나타났을 때, 베드로는 분명히 모세와 엘리야의 영의 형상을 볼 수 있었다(마 17:1-8). 부자와 나사로의 비유도 암시하는 바가 많다. 죽은 후 영으로 존재하는 부자와 나사로가 몸의 형상을 갖고 있는 것처럼 묘사되어 있다. 영이 눈, 손가락 끝, 혀 같은 것을 갖고 있고 불꽃 속에서 고통을 느낀다고 보았다(눅 16:19-26).

몸을 입고 있는 영

바울은 인간의 영이 몸을 입고 있다고 보았다. "땅에 있는 장막집"이 무너지면 "하나님께서 지으신 집" 즉 "하늘에 있는 영원한 집"이 덧입혀질 것을 기대했다(고후 5:1-4). 인간의 영이 이 땅에서는 육체의 몸을 입고 있지만, 하늘에서는 영의 몸을 입는다는 것이다. 바울은 주님이 재림하실 때 우리 영에게 주님의 부활체 같은 몸을 입혀 주실 것을 소망했다. "육의 몸으로 심고 신령한 몸으로 다시 살아나나니 육의 몸이 있은즉 또 영의 몸도 있느니라"(고전 15:44). 인간의 영은 적어도 세 가지 종류의 몸을 입는 것 같다. 이 땅에서는 육체의 몸을 입고, 하늘 천국에서는 형상이 있는 영의 몸을 입고, 새 하늘과 새 땅에서는 부활체의 몸을 입는다는 것이다. 인간의 영은 항상 몸을 입고 있다고 본다.

인간의 몸은 영이 입고 있는 옷 같다. 영이 몸을 옷처럼 입고 있는 것처럼 느껴진다. 인간의 영은 지구 위에서는 우리의 몸 같은 옷을 입고 있다. 몸은 우리 영이 지구 위에서 살 수 있도록 하나님이 만들어 주신 것이다. 바다 깊은 곳으로 들어가면 어떻게 될까? 이 몸으로는 버틸 수 없다. 잠수복을 입든지 잠수함을 타야 할 것이다. 달나라에 가면 우주복을 입어야 할 것이다. 몸은 환경에 따라 다른 몸으로 변화되는 것 같다. 이 땅에서는 이런 몸, 하늘 천국에서는 천사 같은 형상의 몸, 새 하늘과 새 땅에서는 예수 그리스도 부활체 같은 신령한 몸으로 변화되는 것 같다.

속사람으로서 영

바울은 인간의 영을 겉사람과 대조하여 속사람으로 보았다. "그러므로 우리가 낙심하지 아니하노니 우리의 겉사람은 낡아지나 우리의 속사람은 날로 새로워지도다"(고후 4:16, 참고. 롬 7:22, 엡 3:16). 베드로도 영을 "마음에 숨은 사람"(벧전 3:4)이라고 했다. 인간의 내면 안에 숨어 있는 진짜 속사람이 있다는 것이다.

육신과 대조되는 영

바울은 영을 육신과 대조하여 설명했다. 육신(flesh) 또는 육은 몸(body)이 아니라 영적인 육이다. 하나님의 영을 거역하는 인간의 옛 본성이고 마귀와 관련이 있는 악한 생각이다. "육신의 생각은 사망이요 영의 생각은 생명과 평안이니라"(롬 8:6). 같은 생각이라도 영의 생각이 있고 육의 생각이 있다고 본다.

영의 인격과 기능

첫째, 정신이 인격이 있듯이, 영도 인격이 있는 것 같다. 정신은 다른 사람과 인격적 관계를 맺는다. 그러나 영은 사람을 넘어 하나님과 인격적 관계를 맺는다. 영은 오히려 사람의 인격보다 하나님의 인격을 더 의식한다. 요셉은 보디발의 아내의 유혹을 받을 때, 어떻게 하나님께 죄를 지을 수 있겠느냐고 말했다(창 39:9). 사람에게 짓는 죄보다 하나님께 짓는 죄가 더 문제라는 것이다.

둘째, 정신이 지정의(知情意)의 기능이 있듯이, 영도 지정의의 기능이 있는 것 같다. 정신의 지성은 하나님의 존재는 알아도 하나님의 사랑은 알지 못한다. 그러나 영의 지성은 아버지 하나님의 사랑을 직관적으로 인식한다. IQ 200이면 천재라고 한다. 그러나 IQ 200의 천재도 하나님의 사랑을 알지 못한다. IQ 70 이하이면 특수교육을 받는다. 그러나 IQ 70 이하의 장애인도 하나님의 사랑을 체험할 수 있다. 일반적 감정은 기복이 아주 심하다. 너무 기쁘거나 너무 슬프다. 희로애락의 감정을 따라 극단으로 움직인다. 그러나 영의 감정은 항상 안정되어 있고 기본적으로 평안하다. 일반적 의지는 너무 고집이 세거나 무기력하다. 그러나 영의 의지는 근본적으로 온유하면서도 순교할 만큼 강하다. 혼적 지성과 영적 지성이 있고, 혼적 감정과 영적 감정이 있고, 혼적 의지와 영적 의지가 있는 것 같다.

셋째, 정신이 덕이 있듯이, 영도 덕이 있는 것 같다. 본래 도덕이라는 말은 도(道)를 지킬 수 있는 힘(virtus, virtue)을 의미한다. 동양에는 삼강오륜이라는 덕이 있고, 서양에는 지혜, 용기, 절제, 정의 같은 '4주덕'이 있다. 정신이 도덕을 갖고 있다면, 영은 믿음과 소망과 사랑이라는 덕을 갖고 있다. 믿음과 소망과 사랑은 영의 능력이다. 성령이 주시는 능력이다.

넷째, 정신이 성품이 있듯이 영도 성품이 있는 것 같다. 성품은 일정한 행위를 하게 하는 마음의 성향을 가리킨다. 정신의 성품은 타고난 것이다. 그러나 영의 성품은 성령의 은혜로 형성된 것이다. 영 안에 성령의 열매로 맺혀진 것이다.

다섯째, 정신이 의식과 무의식이 있듯이, 영도 의식과 무의식이 있는 것 같다. 정신이 의식하지 못하는 무의식을 갖고 있는 것처럼, 영도 의식하지 못하는 무의식의 영역을 갖고 있는 것 같다. 우리 영이 하나님 은혜를 의식하지 못하고 넘어갈 때도, 영은 무의식의 차원에서 하나님과 연결되어 있을 수 있다.

영은 마음 안에 있으나 마음과 동일한 것은 아니다. 영은 정신의 심층적 차원에서 움직이고 있는 속정신 또는 속마음이다. 영은 정신 안에서 형성되어 몸 안에 살고 있는 인간의 속사람이다. 영은 정신과 몸 안에 있지만, 인격 전체에 내재해 있다. 영은 인격이 있고 기능이 있는 것 같다. 영은 하나님과 다른 사람과 마귀 앞에서 하나의 인격으로 서 있다. 하나님과 인간과 마귀와 관계를 맺고 있다. 영은 특별한 기능이 있다. 워치만 니(1903-1972)는 <영에 속한 사람>에서 영이 양심과 직관과 영적 교류의 기능이 있다고 주장했다.

보통 사람의 경우에도 영의 기능은 여전히 남아 있다. 정도의 차이가 있지만 양심과 직관이 살아 있다. 무당은 귀신과 교류하는 특별한 영의 기능을 소유하고 있다. 예수를 믿고 영이 중생해도 영의 교류의 기능이 다 열리는 것은 아니다. 하나님이 영의 교류의 기능을 열어 주시어 영적 사역을 감당하게 하시는 은사 사역자들이 있다. 영적 교류의 통로가 열리는 일은 위험한 일이다. 동일한 영의 통로를 따라 악령도 역사한다.

인간을 어떻게 설명할 것인가?

영혼-육체 모델

서방 교회는 인간을 '영혼과 육체'로 보는 이분법을 선호한다. 인간을 영혼과 육체로 보는 성경 본문이 더 많다고 보기 때문이다. "몸은 죽여도 영혼은 능히 죽이지 못하는 자들을 두려워하지 말고 오직 몸과 영혼을 능히 지옥에 멸하실 수 있는 이를 두려워하라"(마 10:28), "영혼 없는 몸이 죽은 것 같이 행함이 없는 믿음은 죽은 것이니라"(약 2:26).

영-혼-몸 모델

동방 정교회는 바울의 관점을 따라 인간을 삼분법적으로 이해하기를 좋아한다. 인간을 '영-혼-몸'으로 본다. "평강의 하나님이 친히 너희를 온전히 거룩하게 하시고 또 너희의 온 영과 혼과 몸이 우리 주 예수 그리스도께서 강림하실 때에 흠 없게 보전되기를 원하노라"(살전 5:23), "하나님의 말씀은 살아 있고 활력이 있어 좌우에 날선 어떤 검보다도 예리하여 혼과 영과 및 관절과 골수를 찔러 쪼개기까지 하며 또 마음의 생각과 뜻을 판단하나니"(히 4:12).

인간에 대한 이론이나 관점은 다양할 수밖에 없다. 프로이트도 해부학의 유비를 사용하여, 인간의 내면을 '의식-무의식,' '이드-자아-초자아'로 구분하는 이론을 제시했다. 많은 사람이 이 관점을 사용한다. 이 모델이 인간의 내면을 잘 설명해 주기 때문이다. 칼 융은 '페르소나,' '그림자.' '집단무의식,' '원형' 등 다른 개념을 많이 추가했다. 칼 융의 이론을 좋아하는 사람도 있고, 프로이트의 이론을 좋아하는 사람도 있다. 둘 다 인간의 내면을 탁월하게 설명하고 있다고 본다. 삼분법과 이분법도 마찬가지다.

최근 심리학자들은 인간의 전인성에 초점을 맞추고 있다. 영혼과 육체를 인간의 두 부분이 아니라 인간의 이중성으로 이해한다. 인간은 영혼의 차원과 육체의 차원이 있는 하나의 존재라는 것이다. 소위 '이중 양상 일원론'(dual-aspect monism)이다. 육체의 감각과 운동으로 말미암아 신경 조직이 뇌로 발달하고, 뇌에서 정신이 창발적으로 나타나고, 정신에서 영혼이 창발적으로 출현했다고 본다.

영-혼-육-몸 모델

바울의 인간론을 재해석해 보았다. 바울은 예수 그리스도의 구원과 그리스도인의 삶을 설명하는 중간중간에 인간에 대한 계시적 통찰을 많이 풀어놓았다. 프뉴마, 프쉬케, 소마, 사르크스 등 여러 가지 용어를 사용했다. 신학자들은 바울이 구약의 관점을 따라 인간의 한 부분으로 인간 전체를 표현하는 수사법을 구사했다고 설명한다. 그러나 필자는 구원 이전의 인간 본성과 구원 이후의 인간 본성을 구분하는 바울의 수사법에서 새로운 통찰을 얻었다.

바울은 구원 이전과 구원 이후의 인간 본성을 표현하기 위해 '옛 사람-새 사람,' '겉사람-속사람,' '육(사르크스)-영(프뉴마)' 같은 표현을 사용했다. 바울은 새 사람, 속사람, 영을 거의 같은 의미로 사용했다. 예수 그리스도를 믿고 성령으로 변화된 새 마음을 그렇게 표현한 것 같다. 바울은 옛 사람과 겉사람과 육신(육)도 같은 의미로 사용했다. 구원받기 전부터 형성되어 현재까지 나를 지배하는 심리적 마음을 그렇게 표현했다.

오랜 관찰 후에 필자는 한 사람을 네 사람의 관점에서 이해하게 되었다. 영의 사람이 있고, 혼의 사람이 있고, 육의 사람이 있고, 몸의 사람이 있다는 설명이다. '영-혼-육-몸' 중, 영과 몸은 쉽게 이해가 된다. 영은 죽어서 천국에 갈 나의 실체이고, 몸은 살아서 나를 담고 있는 실체이다. 문제는 혼이다. 나는 혼을 선한 혼과 악한 혼으로 구분해야 할 필요성을 느꼈다. 선한 혼은 인간 나라에서 내 인생을 성공적으로 이끌어 왔던 부분이다. 악한 혼은 나를 마귀 나라에 묶이게 하던 부분이다. 바울은 악한 혼을 육(사르크스)으로 표현했다. 결론적으로 영의 사람은 하나님 나라에 속하고, 혼의 사람은 인간의 나라에 속하고, 육의 사람은 마귀 나라에 속하고, 몸의 사람은 자연의 나라에 속한다고 이해되었다.

사람을 볼 때 무엇부터 보이는가? 우선 몸부터 보인다. 한 번 더 보면, 사람의 내면 즉 정신 세계가 느껴진다. 정신 세계가 바로 혼이다. 그런데 기도하고 사람을 다시 보면, 속마음이 느껴진다. 속마음은 하나님이 보는 심중의 마음이다. "사람은 외모를 보거니와 나 여호와는 중심을 보느니라"(삼상 16:7). 속마음은 영과 육(악한 혼)의 전쟁터 같다. 하나님이 주시는 영의 생각과 마귀가 주는 육의 생각이 충돌하는 싸움판같이 느껴진다. 필자는 예수 믿기 전에도 내 정신이라는 혼과 몸을 알 수 있었다. 예수 믿고 중생한 후 내 영을 발견했다. 영이 성장하면서 내 안에 깊이 감추어져 있던 육이 그 정체를 드러냈다.

전인적 영성 훈련

영성 훈련은 구원받기 전에 우리 안에 형성된 '옛 사람-겉사람-육신'을 다루는 일이다. 구원받은 후에도 우리 안에는 '옛 사람-겉사람-육신'이 기능적으로 남아 있다. 바울은 옛 사람이 죽었다고 선언하면서도 자기가 매일 죽는다고 했다. 법적으로는 죽었는데, 기능적으로는 움직인다. 본성적으로는 죽었는데 기능적으로 매일 죽여야 하는 역설을 어떻게 이해해야 할까? 토마스 머튼(1915-1968)은 옛 자아를 '거짓 자아'라고 불렀다. 구원받기 이전에 우리가 가정과 사회에서 의식, 무의식적으로 교육받은 자아의 프로그래밍을 말한다. 거짓 자아는 옛 사람의 흔적이고 옛자아의 그림자일 것이다.

혼의 변화

영성을 위해 가장 필요한 일은 "마음을 새롭게"(롬 12:2) 하는 일이다. 영은 거의 완전하다. 오늘 당장 죽어도 천국 가는 데 아무 문제가 없다. 영은 말씀만 듣고 있으면 성령의 인도를 받아 천국의 삶을 살 수 있다. 그러나 혼은 복잡하다. 지정의의 기능과 의식-무의식을 포함하고 있다. 옛 사람의 기능이 그대로 남아 있다. 혼이 하나님 말씀을 따라 변화되어야 한다. 생각의 사고방식, 감정의 반응 방식, 의지의 작용 방식이 새롭게 변화되어야 한다. 말씀을 따라 혼이 변화되어야 한다. 혼이 변화되는 만큼 영이 성장한다.

육의 치유

혼이 새롭게 변화되어야 할 대상이라면, 육은 치유의 대상이다. 육은 과거의 상처가 만든 '쓴 뿌리,' 과거의 고정 관념이 만든 생각의 '견고한 진' 같은 것이다. 사람의 생각 패턴, 감정 패턴이 우리의 성격을 만들어 우리를 힘들게 한다. 이를 어떻게 치유해야 할 것인가? 무의식 속에 있어 발견하기도 힘들다. 잠재의식 속에 있는 육을 어떻게 고칠 것인가? 현대 심리치료사들도 이 문제에 고심하고 있고, 내적 치유 사역자들도 여러 가지 시도를 하고 있다. 그래도 육은 반드시 치유되어야 한다. 육이 치유되는 만큼 영이 성장한다.

전인적 영성 훈련의 실존적 의미

영성과 관련하여, 영은 성장해야 하고, 육은 치유되어야 하고, 혼은 새롭게 변화되어야 한다. 어느 날 우리가 죽을 때, 영은 그대로 천국으로 가고, 혼은 영의 수준으로 변화되어 가고, 몸은 천상의 영적 몸을 입고 갈 것이다. 문제는 살아서도 이렇게 영적으로 변화된 상태를 경험할 수 있을까 하는 것이다. 젊어서 건강할 때, 혼의 생각과 몸의 욕구를 천국에 맞게 변화시킬 수 있을까? 이것이 영성의 실존적 의미이다.

미국의 목회상담학자 하워드 클라인벨(1922-2005)이 있다. 그는 인간의 전인 건강(wellbeing)은 정신(마음), 신체, 관계성, 노동, 놀이, 자연, 영의 요소를 포함한다고 보았다. 인간은 정신적 차원, 신체적 차원, 사회 관계적 차원, 노동의 차원, 놀이의 차원, 생태적 차원, 영적 차원에서 모두 건강해야 건강을 유지할 수 있다고 했다. 하나님 나라의 통치를 받는 전인적 영성의 삶을 잘 설명했다고 생각한다.

05.
영성은 어떻게 형성되는가?

하나님은 인간을 하나님의 왕국의 청지기로 삼으셨다. 인간이 하나님의 통치를 받고 대행하기 위해 어떤 변화의 과정을 거쳐야 할까? 예수 그리스도는 씨 뿌리는 비유에서 하나님의 통치를 받기 위해 말씀의 열매를 맺는 과정을 말씀하셨다. 천국 복음의 씨앗이 우리 마음 밭에 떨어져 심기고 열매를 맺어 가는 과정을 설명해 주셨다(막 4:3-8, 14-20). 씨앗은 천국 복음이다. 길가, 돌밭, 가시떨기 밭, 좋은 땅은 마음의 상태를 가리킨다. 길가는 단단하게 굳은 마음이다. 돌밭은 상처가 많은 마음이다. 가시떨기 밭은 세상 염려와 유혹에 시달리는 옛 자아가 지배하는 마음이다. 좋은 땅은 하나님 말씀에 순전하게 반응하는 마음이다. 무슨 뜻일까? 복음의 씨앗이 밭에 뿌려지면, 싹이 나고 자라고 성장하고 꽃을 피운 후 열매를 맺는다. 복음을 영접하면, 우리의 영도 중생하고 성장하고 성숙하여 말씀의 열매를 맺게 된다.

영의 중생

예수 그리스도는 니고데모에게 "사람이 거듭나지 아니하면 하나님 나라에 들어갈 수 없다"(요 3:3)고 말씀하셨다. 거듭난다는 것은 '위로부터 태어난다'는 뜻이다. 니고데모가 이해하지 못하자, 예수 그리스도는 "육으로 난 것은 육이요 영으로 난 것은 영이다"(요 3:6) 말씀하셨다. 타고난 것은 영이 아니고, 성령이 다시 태어나게 하신 것만이 영이라는 것이다.

영의 중생이란 무엇인가? 중생은 성령이 죽어 있던 우리 영을 다시 소생시키는 것을 말한다. 중생하면 무엇이 달라질까? 키가 더 커질까? 머리가 더 좋아질까? 갑자기 성품이 변할까? 아니다. 중생하면 다른 것은 다 그대로인데, 그 안에 새로운 영이 생기는 것이다.

어떻게 중생하는가? 예수 그리스도는 회개와 믿음으로 중생한다고 말씀하셨다. 예수 그리스도는 이 땅에서 사역을 시작하시면서 이렇게 선포하셨다. "때가 찼고 하나님 나라가 가까이 왔으니 회개하고 복음을 믿으라"(막 1:15). 천국 복음을 믿고 세상 나라로부터 하나님 나라로 회개하라고 말씀하셨다. 믿음은 세상 나라 대신 하나님 나라를 믿는 것이다. 회개는 세상 나라에서 하나님 나라로 적을 옮기는 것이다.

문제는 회개하고 싶어도 회개가 되지 않고 믿고 싶어도 믿어지지 않는다는 것이다. 하나님이 믿음의 선물을 주시고, 회개의 영을 주셔야 한다. 성령이 역사하셔야 한다. 성령이 우리 영을 다시 태어나게 하셔야 한다. "바람이 임의로 불매 네가 그 소리는 들어도 어디서 와서 어디로 가는지 알지 못하나니 성령으로 난 사람도 다 그러하니라"(요 3:8). 우리는 성령에게 요구할 수 없다. 그러나 성령을 사모하고 간구할 수는 있다. 성령은 우리 죄를 보여주신다. 내가 우주의 창조주에게 감당할 수 없는 죄를 지었다는 것을 깨닫게 하신다. 나는 일백 번 고쳐 죽어도 할 말이 없는 죽을 죄인이라는 것을 깨닫게 된다. 성령은 때가 차면 이렇게 우리를 회개시켜 주시고 믿음을 선물로 주신다.

영이 중생하면 어떻게 되는가? 영이 중생하면, 예수 그리스도가 십자가에서 흘린 피가 내 죄를 다 씻고 용서하신 것이 믿어진다. 죄책감과 죄의식이 없어진다. 다시 죄를 지어도 이미 용서받았다는 것을 알게 된다. 영이 중생한 사람은 지금 당장 죽어도 천국에 간다는 확신을 갖게 된다. 비록 내가 여전히 죄인이지만 그래도 예수님의 피 공로로 천국에 갈 수 있다는 것을 확신한다. 하나님이 영혼의 친아버지라는 것을 알게 된다. 내가 하나님의 자녀라는 것을 뼛속 깊이 깨닫는다. 하나님이 더 이상 멀리 계시지 않고 내 마음속에 계신다는 것이 느껴진다. 예배 때마다 참으로 하나님을 아버지로 고백하며 영으로 예배를 드리게 된다.

영의 성장

바울은 하나님이 영을 자라게 하신다고 말했다. "나는 심었고 아볼로는 물을 주었으되 오직 하나님께서 자라나게 하셨나니 그런즉 심는 이나 물 주는 이는 아무것도 아니로되 오직 자라게 하시는 이는 하나님뿐이니라"(고전 3:6-7). 베드로는 성도들에게 구원에 이르도록 자라라고 권면했다. "갓난아기들과 같이 순전하고 신령한 젖을 사모하라 이는 그로 말미암아 너희로 구원에 이르도록 자라게 하려 함이라"(벧전 2:2).

영의 성장이란 무엇인가? 영의 성장은 중생한 영이 자라는 것이다. 생명은 자란다. 식물은 자란다. 동물은 자란다. 사람도 자란다. 몸도 자란다. 정신도 자란다. 영도 자란다. 내가 스스로 자라는 것은 아니다. 목회자가 자라게 하는 것도 아니다. 하나님이 자라게 하시는 것이다.

영이 성장한다는 것은, 첫째, 영의 인격이 바로 서는 것이다. 영은 사람들뿐만 아니라 하나님과도 인격적 관계를 맺는다. 둘째, 영의 지정의의 기능이 형성되는 것이다. 영의 지성은 직관과 양심으로 하나님의 뜻을 분별한다. 영의 의지는 하나님의 뜻에 순종하기로 결단한다. 영의 감정은 하나님과 함께 기뻐하고 즐거워한다. 셋째, 영의 믿음과 소망과 사랑의 능력(덕)이 강해지는 것이다. 믿음은 하나님의 약속이 성취될 것을 신뢰하는 영의 능력이다. 소망은 하나님의 약속이 이루어질 것을 바라고 기대하는 영의 능력이다. 사랑은 아무 조건 없이 자기를 내주는 영의 능력이다. 넷째, 성령의 열매를 따라 영의 성품이 형성되는 것이다. 타고난 성품이 아니라 성령의 은혜로 조금씩 영의 성품이 형성된다.

영은 어떻게 성장하는가? 말씀과 순종으로 성장한다. 처음에는 말씀만 들어도 성장한다. 설교를 듣고 성경을 읽으면서 성장한다. 몇 시간씩 성경을 읽고, 하나의 설교를 여러 번 반복하여 듣는다. 말씀이 꿀송이처럼 달다는 것을 체험한다. 그러다가 말씀만으로 성장이 안 될 때가 온다. 그때는 말씀에 순종해야 성장한다. 말씀을 듣고 순종하지 않으면 성장이 멈춘다.

영이 성장하면 어떻게 되는가? 그리스도를 닮으려는 갈망이 생긴다. 바울은 성도들이 예수 그리스도의 장성한 분량에 이르기까지 성장해야 한다고 권면한다. "우리가 다 하나님의 아들을 믿는 것과 아는 일에 하나가 되어 온전한 사람을 이루어 그리스도의 장성한 분량이 충만한 데까지 이르리니"(엡 4:13), "오직 사랑 안에서 참된 것을 하여 범사에 그에게까지 자랄지라 그는 머리니 곧 그리스도라"(엡 4:15).

자아 부정

예수 그리스도는 제자들에게 자기를 부인할 것을 명령하셨다.

"누구든지 나를 따라오려거든 자기를 부인하고 자기 십자가를 지고 나를 따를 것이니라"(막 8:34). 자기 부인, 자아 부정이 무엇인가? 자아 부정은 자아의 주도권을 내려놓는 것이다. 억지로 참는 것이 아니다. 소멸시키는 것도 아니다. 주님의 주권을 인정하고 삶의 주도권을 주님께 맡기는 것이다. 인생의 결재권을 주님께 넘겨드리는 것이다.

세 왕국론의 관점으로 보면, 자아는 '영적 자아, 혼적 자아, 육적 자아'로 구분된다. 혼적 자아는 지금까지 내 인생을 주도해 온 옛 자아다. 세상에 적응하고, 내 뜻을 세우고, 내 의도를 관철한다. 육적 자아는 마귀의 영향을 받는 옛 자아다. 다른 사람을 조종하고 의존하고 착취한다. 영적 자아는 성령으로 새로워진 새 자아다. 하나님의 주권에 순종하고 다른 자아와 조화를 이루며 산다. 세 왕국론의 관점에서 볼 때, 자아 부정은 육적 자아를 죽이고, 혼적 자아를 내려놓는 일이다.

왜 자아를 부정해야 하는가? 자아를 부정해야 하나님의 통치를 받을 수 있기 때문이다. 악한 자아를 부정하는 것은 상대적으로 쉽다. 육의 생각으로 쉽게 드러나기 때문이다. "그리스도 예수의 사람들은 육체와 함께 그 정욕과 탐심을 십자가에 못 박았느니라"(갈 5:24). 선한 자아를 부정하는 것은 힘들다. 선한 혼의 생각으로 나타나기 때문이다. 선한 자아는 절대 하나님께 영광을 돌리지 않는다. 하나님의 의가 아니라 자기 의를 드러낸다. 선한 자아는 하나님의 통치를 받는 데 최대의 장애물이다.

어떻게 해야 자아를 부정할 수 있을까? 죄를 고백해야 한다. 내 부족한 모습을 있는 그대로 하나님께 아뢸 때 자아가 무너진다. 고난에 감사해야 한다. 내가 자아와 동일시하고 있는 것이 무너질 때 자아도 같이 무너진다. 이것이 고난이 유익한 이유이다(시 119:71). 옛 자아의 죽음을 믿음으로 선포해야 한다. 바울은 "우리의 옛 사람이 예수와 함께 십자가에 못 박힌 것"(롬 6:6)을 알았다. 그리스도가 우리 안에서 사는 것을 경험하기 위해 자아가 이미 죽은 영적 실상을 알아야 한다고 강조했다. "내가 그리스도와 함께 십자가에 못 박혔나니 그런즉 이제는 내가 산 것이 아니요 오직 내 안에 그리스도께서 사시는 것이라"(갈 2:20). 현실적으로(de facto) 옛 자아는 살아 있고, 옛 자아의 지정의의 기능이 여전히 작동하고 있다. 그러나 하나님의 보좌에서 볼 때 우리의 자아는 법적으로(de jure) 죽었다. 실체는 죽어 있고 기능은 살아 있다는 것이다.

죄 고백을 하고 고난을 감사로 받고 자아의 죽음을 선포하면, 자아의 위세가 꺾인다. 그다음 옛 사람의 혼의 지정의의 기능을 하나님의 말씀에 맞게 변화시켜야 한다. 마음을 새롭게 해야 한다(롬 12:2). 혼의 지정의는 지금까지 살아온 방식대로 작용한다. 어떻게 해야 하나? 하나님의 말씀 앞에서 내 생각, 내 감정, 내 의지를 내려놓아야 한다. 내 생각과 감정과 의지의 작용을 자각하고 성찰하며 말씀에 맞게 고쳐나가야 한다.

자아가 부정되면 어떤 일이 벌어질까? 자아가 부정된 사람은 바깥일에 크게 영향을 받지 않는다. 자존심이 상하는 일이 있어도 마음이 흔들리지 않는다. 자신을 그렇게 중요하게 생각하지 않는다. 자기의식이 별로 없다. 자신을 드러내고 싶은 마음이 없고, 자기 영광을 추구하지도 않는다. 자신에 대해서는 무심하지만 다른 사람의 자아는 존중한다. 일관되게 공감하고 수용적 태도를 취한다. 모든 환경 속에서 하나님의 뜻을 발견하고 감사한다.

자아가 부정된 사람은 세상 나라의 작동 방식에서 벗어난다. 돈과 쾌락과 권력에 마음이 흔들리지 않기 때문이다. 세상이 좀 지겨워지고 지루해진다. 세상에서 성공하려는 욕망이 사라진다. "그리스도로 말미암아 세상이 나를 대하여 십자가에 못 박히고 내가 또한 세상을 대하여 그러하니라"(갈 6:14).

영의 성숙

예수 그리스도는 좋은 땅에 뿌려진 씨가 30배, 60배, 100배의 결실을 맺는다고 말씀하셨다(막 4:8). 좋은 나무마다 아름다운 열매를 맺고 그들의 열매로 그들을 알게 된다고 하셨다(마 7:17, 7:20). 한 알의 밀이 땅에 떨어져 죽으면 많은 열매를 맺는다고 하셨다(요 12:24). 우리가 포도나무이신 주님 안에 가지처럼 붙어 있고 그의 안에 거하면 많은 열매를 맺는다고 하셨다(요 15:5).

영의 성숙이란 무엇일까? 영의 성숙은 말씀이 저절로 지켜지는 것을 말한다. 내가 지키는 것이 아니라 말씀이 지켜진다. 말씀이 예수 그리스도 안에서 성육신되었듯이, 하나님 말씀이 우리 생각 안에 들어오고 우리 삶으로 육화(肉化)되는 것이다.

영은 어떻게 성숙하는가? 성령의 인도와 성령 충만을 받는 길 외에 다른 길이 없다. 성령이 우리 영 안에 지속적으로 충만하면 된다. 영이 성숙하면 어떻게 되는가? 당연히 성령의 9가지 열매가 자연스럽게 맺혀진다. "오직 성령의 열매는 사랑과 희락과 화평과 오래 참음과 자비와 양선과 충성과 온유와 절제니 이 같은 것을 금지할 법이 없느니라"(갈 5:22-23).

사랑(아가페)은 자기를 내주는 사랑이다. 선인과 악인을 구별하지 않는 무조건적 사랑이다(마 5:43-48). 사랑의 반대는 미움이다. 희락(카라)은 삶에 대해 만족하고 기뻐하는 것이다. 희락의 반대는 우울이다. 희락은 아무것이 없을 때도 기뻐할 수 있는 마음이다. 화평(에이레네)은 모든 관계가 온전하고 평화로운 샬롬의 상태를 의미한다. 화평의 반대는 다투고 경쟁하는 것이다. 오래 참음(마크로투미아)은 노하기를 더디하는 것을 의미한다(출 34:6, 시 103:8). 오래 참음의 반대는 분노와 혈기다. 자비(크레스토테스)는 친절하고 편하게 대해 주는 것을 의미한다. 자비의 반대는 가혹하고 잔인한 것이다. 양선(아가토수네)은 너그럽고 관대하게 베푸는 것을 의미한다. 양선의 반대는 인색한 것이다. 충성(피스티스)은 인간관계를 신실하게 유지하는 것이다. 충성의 반대는 배신이다. 온유(프라우테스)는 강한 부드러움이다. 온유의 반대는 호전적인 것이다. 절제(에그크라테이아)는 자기 욕망을 이기는 힘이다. 절제의 반대는 방종이다.

성령의 열매는 자연스럽게 맺는 데 그 특징이 있다. 우리가 능동적으로 열매를 맺는 것이 아니다. 성령이 우리를 통해 자연스런 열매를 맺으신다. 그렇게 사랑하려고 애쓰지 않아도 사랑하게 된다. 호들갑을 떨지 않아도 기쁨이 있다. 별다른 노력을 하지 않은 것 같은데 관계가 평화롭게 회복되어 있다. 억지로 참는 것이 아니라 그냥 참아진다. 일부러 친절을 베풀지 않아도 상대방이 편안해 한다. 궁핍한 사람을 보면 관대하게 베풀게 된다. 한번 인간관계가 형성되면 오래 유지된다. 유혹이 오고 욕망이 일어나는가 싶더니 어느덧 슬그머니 사라진다.

성령의 열매를 맺으면서 우리는 겸손해진다. 내 힘으로 된 것이 없다. 다 성령의 역사다. 영을 중생시킨 분도 성령이요, 영을 성장시킨 분도 성령이요, 말씀을 주신 분도 성령이요, 말씀을 지킬 힘을 주신 분도 성령이시다. 아무리 위대한 성취를 이루어도 나는 항상 "무익한 종"(눅 17:10)이다.

성숙한 영은 궁극적으로 삼위일체 하나님의 내주(indwelling)를 경험한다. 삼위 하나님이 우리 영 안에 거주하신다. "너희가 하나님의 성전인 것과 하나님의 성령이 너희 안에 계시는 것을 알지 못하느냐"(고전 3:16), "너희 몸은 너희가 하나님께로부터 받은 바 너희 가운데 계신 성령의 전인 줄을 알지 못하느냐"(고전 6:19). 우리 영이 삼위 하나님의 거처가 되는 것이다.

삼위일체 하나님은 본래 영원 전부터 신비로운 교제 속에 계셨다. 아버지가 아들 안에 아들이 아버지 안에, 아버지가 성령 안에 성령이 아버지 안에, 아들이 성령 안에 성령이 아들 안에 거하신다. 예수 그리스도는 보혜사 성령이 우리와 함께 우리 안에 거하실 것이라고 약속하셨다. "그는 너희와 함께 거하심이요 또 너희 속에 계시겠음이라"(요 14:17). 성령을 통해 예수 그리스도가 친히 우리 안에 거하실 것이라고 말씀하셨다. "그 날에는 내가 아버지 안에, 너희가 내 안에, 내가 너희 안에 있는 것을 너희가 알리라"(요 14:20). 삼위일체 하나님의 사랑의 교제 속에 우리 인생을 참여시켜 주시겠다는 것이다. 아버지와 아들과 성령의 친밀한 사귐 속에 우리를 끼워 주시겠다는 것이다. 인간의 영이 삼위일체 하나님의 영과 함께 거한다니, 피조물인 인생이 창조주 하나님의 영을 모시고 산다니, 과연 이보다 더 영광스런 일이 있을까!

출애굽에서 예루살렘 성전까지

구약성경은 하나님이 이스라엘을 하나님의 백성으로 만드신 이야기다. 이스라엘이 출애굽 하여 광야 생활을 하고 요단강을 건너

가나안을 정복하고 이스라엘 국가를 세우고 예루살렘 성전을 건축한 과정은, 우리 영이 중생하고 성장하고 자아를 부정하고 성숙하는 과정과 비슷한 점이 있다.

출애굽은 영의 중생에 해당한다. 애굽은 세상 나라를 상징한다. 아무리 수고하여도 애굽 왕 바로가 다 가져간다. 출애굽은 이런 세상 나라를 떠나는 것이다. 하나님이 모세의 지팡이를 통해 홍해를 갈라놓으셨다. 이스라엘 백성은 믿음으로 홍해를 건넜다. 믿음이 없으면 홍해에 발을 들여놓지 못했을 것이다. 바다가 다시 합쳐질 것을 염려했으면 건널 수 없었을 것이다.

광야는 영의 성장에 해당한다. 이스라엘은 홍해를 건너 시내산에 이르는 과정에서 불기둥과 구름 기둥을 통해 하나님의 인도를 받았다. 하나님의 기적을 체험하며 만나를 먹으며 계명을 배웠다. 이스라엘은 광야에서 하나님의 약속을 믿지 못하고 원망하고 불평하며 시간을 허비했다. 우리 영은 성장하는 과정에서 하나님 말씀에 순종하지 못하고 원망하고 불평하는 죄를 짓는다.

요단강 도하는 자아 부정에 해당한다. 이스라엘은 요단강이 흘러넘치고 있는데도 말씀에 의지하여 요단강을 건넜다. 대단한 믿음이다. 자아가 죽지 않으면 도저히 할 수 없는 일이다.

가나안 정복은 자아 부정 이후 하나님 나라를 위해 헌신하고 하나님 나라를 이루는 일에 해당한다. 세상 나라와 싸워 이기며 하나님 나라를 확장해 가는 삶이다. 가나안을 정복해도 가나안의 일곱

족속과의 싸움은 계속된다. 그들의 문화와 우상과 싸우는 일은 힘든 일이다. 가나안 정복의 과정은 우리 육 안에 남아 있는 세상적이고 마귀적인 요소를 하나하나 드러내고 제거하는 삶이다.

다윗이 이스라엘 국가를 건설하고 솔로몬이 예루살렘 성전을 지은 일은 영의 성숙에 해당한다. 다윗은 예루살렘 성을 정복함으로써 가나안 정복을 완성하였고, 블레셋을 물리치고 강력한 하나님의 왕국을 세웠다. 영이 마귀를 이길 정도로 강해진 것을 의미한다. 다윗은 하나님 임재의 보좌인 법궤를 예루살렘으로 모셨고, 솔로몬은 법궤를 모시기 위해 성전을 건축했다. 영이 하나님의 충만한 임재를 유지하는 것을 의미한다.

우리 성도의 영은 먼저 중생해야 한다. 중생하지 않은 자에게 하나님 말씀을 지키라고 요구하는 것은 무리한 일이다. 먼저 영이 중생해야 한다. 혼(정신)은 하나님 말씀을 이해할 수 없고 지킬 수도 없다. 중생한 영은 계속해서 성장해야 한다. 자라지 않은 영에게 사역의 부담을 주는 것은 가혹한 일이다. 일을 시키는 것보다 영을 성장시켜야 한다. 성장하는 영은 인생의 어느 순간에 이르러 자아의 주도권을 하나님께 드려야 한다. 자아를 부정하지 못하면, 이 땅에서 하나님 나라를 살 수 없다. 하나님이 주시는 복을 받을 수 없고, 계속 내 힘으로 발버둥 치며 피곤하게 산다. 자아를 부정한 영은 더 장성해서 성숙한 삶으로 나아가야 한다. 그래야 마귀를 이길 수 있고 말씀의 열매를 풍성히 맺어 하나님의 복을 누리며 살

수 있다.

하나님 나라의 청지로서 과업을 이루기 위해 영이 성장하고 성숙하려면, 어떤 영성 훈련을 받아야 할까? 필자는 적어도 세 가지가 필요하다고 보았다. 첫째는 말씀 훈련이고, 둘째는 기도 훈련이고, 셋째는 공동체 훈련이다.

2부
영성 훈련의 방법

06.
말씀의 영성

성경

하나님 나라의 청지기들은 하나님의 통치를 받기 위해 하나님의 말씀을 듣고 순종하는 훈련을 받아야 한다. 이것이 우리가 성경을 읽는 이유이다. 성경은 어떻게 형성되었을까? 성경이 우리에게 올 때까지 적어도 다섯 단계를 거친 것 같다. 첫째는 계시다. 하나님이 인간에게 하나님의 뜻을 드러내셨다. 둘째는 영감이다. 하나님은 예언자와 사도를 사로잡아 자신의 뜻을 전달하셨다. 셋째는 언어다. 하나님은 꿈과 환상으로도 전하시지만 인간의 언어로 말씀하셨다. 넷째는 증언과 기록이다. 누군가 하나님께 받은 말씀을 말로 증거하고 문자로 기록했다. 다섯째는 정경이다. 신앙 공동체가 하나님의 말씀으로 인정되는 성경을 한데 모아 권위 있는 정경으로 묶었다. 이런 과정을 통해 성경은 하나님의 자기 계시의 매체요 통로가 되었다.

성경 해석과 적용

하나님은 성경을 통해 성도들에게 말씀하셨다. 우리는 성령의 조명을 받아 성경을 읽으며 하나님의 인도를 받는다. 성령의 조명 아래 성경을 해석하며 하나님의 말씀을 듣는다. 먼저 본문 저자의 의도와 원 독자를 위한 의미를 발견하는 객관적 '주석'(exegesis)의 과정이 있다. 그다음 우리 시대를 위한 의미를 찾는 주관적 '적용'의 과정이 있다. 성경은 성경 주석과 적용 과정을 거쳐 우리에게 해석된다.

성경은 하나님 나라의 약속이 예수 그리스도에 의해 성취되었다는 구속사(구원사)의 관점에서 주석되어야 한다. 이것은 성경의 과거의 메시지다. 성경은 성령의 조명으로 오늘 나에게 주시는 인격적 메시지로 적용된다. 이것은 나를 위한 현재의 메시지다. 설교자는 성경 본문에 대한 주석과 적용을 통해 과거와 현재를 연결시킨다. 과거의 메시지를 현재의 메시지로 변화시킨다.

하나님의 음성 듣기

하나님이 말씀하시면 우리는 하나님의 음성을 듣는다. 우리는 왜 하나님의 음성을 들으려 할까? 삶에서 하나님의 인도를 받기 위해서다. 목자는 양에게 말을 하고 양은 목자의 음성을 듣고 따른다. "내 양은 내 음성을 들으며 나는 그들을 알며 그들은 나를 따르느니라"(요 10:27). 하나님의 뜻을 실천하려는 의지가 없는 사람은 하나님 음성을 들을 필요가 없다.

하나님의 음성을 듣는 세 가지 방법

어떻게 하나님의 음성을 들을 수 있는가? 우리 영이 성장하면서 하나님의 음성을 듣는 방법이 바뀌는 것을 경험했다. 첫째는 설교자의 말씀을 통해 하나님의 음성을 들었다. 둘째는 성경 말씀을 조금씩 묵상하며 하나님의 음성을 들었다. 셋째는 내 영의 생각에 떠오르는 말씀을 분별하며 하나님의 음성을 들었다. 첫 번째, 두 번째 방법은 보편적이고 안전하다. 세 번째 방법은 쉽지 않다. 자아를 부정한 사람에게 가능한 일이다.

하나님의 사람들의 간증을 들어보면, 가끔은 마음에서 명확하게 울리는 음성도 있고, 심지어 위기의 때 귀에 들리는 청천벽력 같은 음성도 있다고 한다. 부정할 이유는 없다고 본다. 주님이 하신다면

누가 막을 수 있겠는가? 다만 이렇게 물리적으로 들리는 음성은 위기 때 예외적으로 주시는 음성이라고 본다. 이렇게 강한 음성이 아니고는 감당할 수 없을 때 주시는 것 같다.

듣는 마음

하나님의 음성을 듣기 위해서는 듣는 마음이 필요하다. 솔로몬은 왕이 된 후 젊은 나이에 나라를 다스릴 걱정에 일천 마리의 소로 번제를 드렸다. 그리고 하나님께 백성을 다스릴 지혜를 구했다. 솔로몬이 구한 지혜는 '듣는 마음'(listening heart)이었다. "누가 주의 이 많은 백성을 재판할 수 있사오리이까 듣는 마음을 종에게 주사 주의 백성을 재판하여 선악을 분별하게 하옵소서"(왕상 3:9). 사람의 말뿐만 아니라 하나님의 말씀도 잘 들어야 한다.

영의 생각(지성)

하나님의 음성을 듣기 위해서는 마음속 깊은 곳에서 떠오르는 영의 생각을 들어야 한다. 하나님은 신비한 방법으로 말씀하기도 하시지만 주로 우리의 생각을 통해 말씀하신다. 예언자 엘리야도 바람이나 지진이나 불이 아니라 자신의 마음속에 들려오는 세미한 소리 안에서 하나님의 음성을 들을 수 있었다(왕상 19:11-12).

하나님은 하나님의 생각을 우리 영의 생각 속에 넣어 주신다. 하나님이 우리 영의 생각 속에 말씀해 주시는 것이다. '생각의 성육신'이다. "모든 지각에 뛰어난 하나님의 평강이 그리스도 예수 안에서 너희 마음과 생각을 지키시리라"(빌 4:7).

영의 생각이란 무엇일까? 영의 생각은 양심의 생각이다. 양심은 우리에게 가장 익숙한 영의 기능이다. 우리의 모든 방어 기제를 뚫고 우리의 마음과 행동의 근본 동기를 성찰하게 한다. 하나님의 음성은 영의 생각, 즉 양심에 순간적으로 들려온다. 우리는 오랫동안 추론해 보아야 이성적 판단을 할 수 있다. 그러나 하나님의 음성은 갑자기 영의 생각 안에 떠오른다. 마치 저 아래 어디서 솟아난 것 같다. 내가 할 수 있는 생각이 아닌 뜻밖의 생각이 떠오른다. 하나님은 때때로 그림을 보여 주신다. 기도하고 떠오른 그림은 하나님의 뜻을 보여 줄 가능성이 크다. 기도하며 분별하면 주의 뜻을 알 수 있다.

영의 감정

하나님은 우리 영적 감정의 움직임을 통해서도 말씀하신다. 우리 뜻이 하나님의 뜻과 일치하면, 하나님은 우리 마음에 평화를 주신다. 예수회를 만든 이냐시오 로욜라(1491-1556)는 이것을 '영적 위로'(consolation)라고 불렀다. 반대로, 우리 뜻이 하나님의 뜻과 일치하지 않으면 하나님은 불안을 주신다. 이냐시오는 이것을 '영적 실망'(desolation)이라고 불렀다.

영의 의지

하나님은 영의 의지를 통해서도 말씀하신다. "너희 안에서 행하시는 이는 하나님이시니 자기의 기쁘신 뜻을 위하여 너희에게 소원을 두고 행하게 하시나니"(빌 2:13). 하나님이 우리에게 무언가 사명을 주실 때 강한 영적 열망(desire)을 주신다. 영의 의지를 일으켜 하나님이 원하시는 일을 추구하게 하신다. 일평생 지속되는 영적 갈망이 있다. 하나님이 주신 열망은 어떤 환경 속에서도 꺾이지 않는다. 그 일을 이루는 소망으로 살게 된다. 사탄은 육적 욕망으로 인간을 조정하고, 인간은 자신의 욕구를 충족하며 자기 인생을 살아가지만, 하나님은 거룩한 열망을 주시어 하나님 나라의 일을 수행하게 하신다.

분별

영의 생각과 영의 감정인지 아닌지 어떻게 분별할까? 성경 말씀과 맞는지 안 맞는지 확인해 보면 안다. 하나님의 마음과 일치하는지 살펴보면 된다. 혼의 생각과 육의 생각과 비교해 보면 더 분명해진다. 열매를 보면 확실하다. 하나님의 뜻이면 열매가 좋다. 나도 살고 남도 살리고 공동체도 살린다. 내면의 영적 흐름과 외면의 열매를 함께 살펴보면 된다. 그러면 마귀에게 크게 속을 일은 없다.

거룩한 독서(렉시오 디비나)

12세기 수도사 귀고 2세(-1188)는 그의 『관상 생활에 대한 편지』또는 『수도사의 사다리』에서 독서, 묵상, 기도, 관상이라는 '거룩한 독서'(Lectio Divina)의 방법을 제안했다. "하루는 손 노동에 열중하면서 사람의 영성 훈련에 대해 생각하기 시작했다. 그때 불현듯 제 마음속에 네 가지 영적 층계가 떠올랐다. 그것은 바로 독서, 묵상, 기도, 관상이다."

귀고 2세에 의하면, 독서는 온 힘을 집중하여 성경을 주의 깊게 살펴보는 것이다. 묵상은 이성의 도움으로 숨겨진 진리를 알려고 노력하는 것이다. 기도는 하나님께 마음을 바치는 것이다. 관상은 정신이 하나님께로 들어 올리어져 거기에 머무는 것이다. 독서는 묵상에 사용할 기초 자료를 얻는 것이고, 묵상은 찾아야 할 의미를 깊게 숙고하는 것이고, 기도는 온 힘을 다해 관상의 감미로움을 청하는 것이고, 관상은 이 천상의 감미로움을 맛보는 것이다. "독서는 복된 삶의 감미로움을 추구하고, 묵상은 그것을 깨닫고, 기도는 그것을 청하고, 관상은 그것을 맛본다." "독서는 음식을 입에 넣는 것이고, 묵상은 음식을 씹어 분해하는 것이고, 기도는 음식의 맛을 느끼는 것이고, 관상은 음식으로 인해 기쁘고 새롭게 되는 감미로움 자체이다."

방법론적으로, 독서(lectio)는 어떤 단어나 구절이 마음에 와닿을 때까지 성경 말씀을 읽는 것이다. 묵상(meditatio)은 마음에 와닿은 말씀을 되새기며 의미를 곰곰이 생각하는 것이다. 말씀의 씨앗을 마음밭에 심어 두고, 말씀의 의미가 분명하게 떠오를 때까지 기다린다. 기도(oratio)는 말씀이 나에게 요구하는 것을 기도하며 삶에 적용하는 것이다. 관상(contemplatio)은 잠잠히 하나님을 바라보며 하나님 안에서 쉬는 것이다. 독서는 포도송이 하나를 따는 것이고, 묵상은 포도송이를 씹는 것이고, 기도는 씹은 포도즙을 삼키고 맛보는 것이고, 관상은 포도 향의 여운을 음미하는 것이다.

상상력 묵상(관상)

말씀 묵상은 마음으로 그려질 때까지 한다. 말씀이 내게 이루어진 것이 상상되면 현실 세계에서도 이루어질 가능성이 크다. 16세기 종교개혁 시대에 이냐시오 로욜라는 복음서 말씀을 상상력으로 바라보는 묵상법으로 새로운 영성 운동의 흐름을 일으켰다. 보통 복음서 관상 훈련이라 부른다. 우리는 보통 성경 말씀의 의미를 찾아 우리 삶에 적용하는 큐티(QT) 방식에 익숙하다. 큐티는 주로 생각을 사용하는 추리적 묵상에 해당된다. 그런데 이냐시오는 복음서 말씀 안에서 상상을 통해 주님과 만나고 대화하며 주님을 바라보는(contemplation) 묵상법을 제안했다. 이것은 정감적 묵상에 해당된다.

방법은 의외로 간단하다. 복음서 말씀을 반복적으로 읽다가 마음에 와닿는 부분을 가지고 묵상을 시작한다. 그다음 편안한 마음으로 영적 상상력을 동원하여 복음서의 사건 안으로 들어간다. 성경의 말씀에 기초하여 '이럴 것 같다!'고 상상하며 사건 속으로 들어간다.

이냐시오의 제자들은 5단계 상상력 묵상법을 발전시켰다. 장소 구성, 애니메이션, 공감과 참여, 대화, 관상으로 구성되어 있다.

(1) 장소 구성: 말씀 사건의 장면을 상상하며 등장인물을 배치한다.

(2) 애니메이션: 장면이 생기를 띠게 한다. 마치 말씀 사건을 동영상처럼 움직이게 한다. 오감을 사용하여 인물의 말과 행동을 상상한다. 자신의 내면 안에서 생각의 흐름과 감정의 움직임에 주목한다.

(3) 공감과 참여: 마음이 끌리는 인물을 찾는다. 주님과 가까이 있는 인물일수록 좋다. 그 사람에게 공감하며 그의 말과 행동에 능

동적으로 참여한다.

(4) 대화: 주님과 일대일로 대화를 시도한다. 나의 생각과 느낌을 솔직하게 주님께 말씀드린다. 주님께 여러 가지 질문을 던진다. 주님과 대화하는 동안 내 마음의 움직임에 주의한다. 내 마음을 있는 그대로 주님께 쏟아놓는다. 주님께 질문하고 주님의 대답을 듣는다. 주님의 마음을 느낀다.

(5) 관상: 주님의 임재 안에 들어가 쉰다.

이냐시오의 복음서 관상 훈련은 말씀의 적용을 넘어 주님과 관계를 맺는 데 아주 효과적이다. 주님과 만나고 대화하고 교제하는 데 아주 유익하다. 실제로 복음서 관상 훈련을 해 보면, '추리적 묵상'에서 '정감적 묵상'으로 쉽게 넘어갈 수 있다. 우리의 생각을 넘어 감정이 움직이기 때문이다. 이냐시오의 상상력 관상만큼 주님의 마음을 깊이 공감하게 해 주는 묵상법도 드문 것 같다. 거룩한 상상 속에서 주님의 마음을 전달받게 된다. 주님의 기쁨과 아픔을 느끼게 된다. 주님의 음성을 듣고 주님의 마음을 받으며, 주님의 마음과 자연스럽게 하나가 된다.

부록: 이냐시오 로욜라,『영신수련』, 규칙, 313-336

초보자를 위한 영분별

1. 사람의 영은 하나님에게서 멀어지거나 하나님께 가까이 가고 있다. 대부분의 사람은 하나님에게서 멀어지고 있다. 하나님에게서 멀어지고 있는 이들에게 악한 영은 기쁨을 주고, 성령은 고통을 준다.

2. 하나님에게 가까이 가고 있는 사람들이 있다. 하나님에게 가까이 가고 있는 이들에게 성령은 기쁨을 주고, 악한 영은 고통을 준다.

3. 하나님과 가까이 있을 때 우리는 영적 위로(consolation)를 느낀다. 영적 위로는 열정, 기쁨, 눈물, 평화, 고요의 감정으로 나타난다. 믿음과 소망과 사랑이 증가한다.

4. 하나님에게 가까이 가던 사람이 하나님으로부터 멀어지면 영적 실망(desolation)을 느낀다. 영적 실망은 어둠, 슬픔, 혼란, 메마름, 유혹, 미지근함, 나태의 감정으로 나타난다. 믿음과 소망과 사랑이 감소한다.

5. 영적 실망이 왔을 때 바로 깨닫고 믿음으로 반응하면 영적으로 성장할 수 있다. 영적 실망의 때는 우리 삶에 변화를 주지 말아야 한다. 영적 위로의 상태에서 결정한 것을 유지해야 한다. 영적

실망의 때는 새롭게 떠오르는 생각에 반응하지 말아야 한다. 악한 영이 생각을 불러일으키기 때문이다.

6. 영적 실망의 때는 물러서지 말고 기도와 묵상과 성찰과 순종에 더 힘을 쏟아야 한다.

7. 하나님이 영적 위로의 은혜를 거두시고 우리를 본성의 능력에 두실 때 영적 실망이 일어난다. 영적 실망의 상태에서 우리의 영적 실상이 드러난다. 하나님은 영적 실망의 때에도 악한 영에게 저항할 수 있는 능력을 주신다. 아무리 힘든 상황이라 하더라도 악한 영에게 대적할 수 있는 은혜를 주신다.

8. 영적 실망의 때 우리는 인내를 배우는 시기다. 다시 영적 위로가 온다는 것을 믿고, 기도와 묵상과 성찰과 순종에 힘써야 한다. 성령의 은혜는 밀물과 썰물처럼 왔다가 가고 갔다가 다시 온다.

9. 영적 실망은, 첫째, 우리가 영적 훈련을 게을리할 때 일어난다. 둘째, 하나님이 우리를 테스트하기 위해 영적 실망을 허락하신다. 하나님은 영적 실망의 상황에서 우리가 믿음으로 반응할 것을 기대하신다. 셋째, 하나님이 우리의 영적 궁핍의 상태를 깨닫게 하기 위해 허락하신다. 우리가 이전에 누린 영적 위로가 우리에게서

난 것이 아니라 하나님의 은혜의 선물이었음을 깨닫게 하신다.

10. 영적 위로의 때는 다시 영적 실망의 때가 올 것에 대비하여 영적 성장에 더 힘을 쏟아야 한다.

11. 영적 위로 중에 있는 사람은 과거 영적 실망의 때에 자신이 얼마나 무능했는지 기억하고 최대한 겸손하게 자신을 낮추어야 한다. 영적 실망 중에도 악한 영에게 대적할 수 있는 능력을 주신 것을 믿고, 악한 영의 지속적인 공격을 견디고 이겨내야 한다.

12. 영혼의 원수 마귀는 버릇없이 '떼쓰는 아이'처럼 행동한다. 악한 영은 초기에 강하게 대적하면 물러가고, 약하게 대응하면 강하게 나온다. 악한 영은 강한 존재는 아니다. 강해 보여도 피조물이다. 전지전능한 존재도 아니고 무소부재한 존재도 아니다.

13. 마귀는 '거짓 연인'처럼 우리를 미혹하여 우리와 마귀 사이의 일을 비밀에 부치게 한다. 악한 영은 드러내면 도망가고 감추면 역사한다.

14. 마귀는 전략에 뛰어난 '적장'처럼 우리의 가장 약한 틈을 노린다. 허약함이나 무방비에서 오는 약점과 자만심과 자기만족 등

허점을 노린다. 하나님은 마귀의 역사를 통해 우리의 연약한 부분을 드러내시고 우리가 그 틈새를 보수하기를 원하신다.

진보자를 위한 영분별 [영신수련, 규칙, 328-336]
(영적 위로 중에 역사하는 마귀의 속임수를 파악하기)

1. 하나님은 우리에게 지속적으로 영적 위로를 주시지만, 악한 영은 일시적으로 영적 위로를 주었다가 서서히 빼앗는다. 악한 영은 자신의 노력 부족을 탓하게 하거나, 하나님에 대해 의심하게 하거나, 영적 성취에 대해 교만한 마음을 품게 하는 등 여러 가지 방식으로 영적 위로를 서서히 빼앗아 간다.

2-3 (영적 위로의 기원)
2. 아무런 '원인 없이' 오는 영적 위로는 하나님이 주신 것이다.

3. 생각이나 사건이나 사람 같은 '원인이 있어' 오는 위로는 성령이 주신 것일 수도 있고, 악한 영이 준 것일 수도 있다. 성령은 영적 진보를 돕기 위해 영적 위로를 주지만, 악한 영은 영적 진보를 막기 위해 거짓된 위로를 준다. 악한 영은 잘못된 목표에 집중하게 하거나 우리의 자아를 팽창시키는 방식으로 거짓 위로를 준다.

4-6 (광명의 천사로 가장한 악령의 역사)

4. 악한 영은 광명의 천사로 가장하고 나타나 위로를 준다. 악한 영은 처음에 선하고 거룩한 생각으로 다가와 위로를 주고, 중간에 조금씩 속여 위로를 약하게 한 다음, 마지막에 위로를 제거하고 큰 피해를 입힌다. 처음에 경건한 생각이나 거룩한 열망을 주지만, 점차 교만한 생각과 자기중심적 욕구에 사로잡히게 한다.

5. 영적으로 받은 생각을 실천하는 과정에서 처음과 중간과 끝이 다 좋으면 성령이 주신 것이다. 끝이 나쁘거나 처음보다 못하면, 악한 영이 준 것이다.

6. 처음에 선하고 거룩한 생각으로 시작했어도 중간에 영적 위로가 줄어들면 그 생각이 일으킬 해로운 결과를 예견하고 멈춰야 한다. 멈추지 않고 끝까지 가면 큰 피해를 입는다.

7-8 (영의 조화)

7. 성령은 영적으로 성장하고 있는 사람에게 물이 스펀지에 스며들 듯이 부드럽게 역사하지만, 악한 영은 물이 돌 위에 떨어지듯이 시끄럽게 역사한다. 성령과 인간의 영은 서로 비슷하면 조화를 이루고, 다르면 충돌을 일으킨다. 악한 영과 인간의 영도 서로 비슷하면 조화를 이루고, 다르면 충돌을 일으킨다.

성령이나 악한 영은 우리 마음 안에서 안식처를 발견하면 자기 집에 들어가듯 조용히 들어간다. 성령이 선한 사람의 마음에 들어갈 때는 조용히 들어가고, 악한 사람의 마음에 들어갈 때는 소란을 일으킨다. 악한 영이 악한 사람의 마음에 들어갈 때는 조용히 들어가고, 선한 사람의 마음에 들어갈 때는 소란을 일으킨다.

8. 하나님이 '원인 없이' 영적 위로를 주시는 첫 번째 시기와 그 이후 유쾌함이 지속되는 두 번째 '잔광'의 시기를 구분해야 한다. 두 번째 잔광의 시기에 떠오른 생각은 악한 영이 준 생각일 가능성이 크다.

부록: 케네스 해긴, 『어떻게 하나님의 영으로 인도받을 수 있는가?』

케네스 해긴(1917-2003)은 1970년대 이후 미국에서 은사주의 독립교회의 물결을 일으킨 인물이다. 그는 하나님으로부터 성도들에게 믿음의 권세와 하나님의 음성을 듣는 법을 가르치라는 소명을 받았다고 말했다.

1. 성령은 우리 영의 내적 증거로 역사하신다.
"사람의 영혼은 여호와의 등불이라 사람의 깊은 속을 살피느니라"(잠 20:27). 몸의 느낌을 거부하고, 머리의 생각을 거부하고, 더 깊이 들어가면 영이 움직임이 느껴진다. 영 안에 걸림(check)이 있으면 '하지 말라'는 뜻이다(붉은 신호등). 영 안에 부드러운 느낌이 들면 '하라'는 뜻이다(파란 신호등).

2. 성령은 우리의 영의 조용한 음성을 통해 말씀하신다. 영은 영의 세계와 접촉하고, 하나님의 뜻을 지각한다. 영은 양심의 음성을 갖고 있다. 영이 나에게 말하는 것을 통해 성령의 인도를 받을 수 있다.

3. 성령이 들을 수 있는 음성으로 말씀하실 때는 장차 큰 어려움이 있어서 대비시킬 경우이다. 분명히 들을 수 있는 음성이 아니고는 그 어려움을 이길 수 없기 때문에, 분명하게 듣게 해 주시는 것이다.

하나님의 완전한(perfect) 뜻이 있고, 하나님이 허락하신(permissive) 뜻이 있다. 이스라엘이 왕을 갖는 것은 하나님의 뜻이 아니었으나 하나님이 허락하신 것이다. 하나님의 허락하신 뜻으로 들어가면, 마귀가 공격하도록 문을 열게 된다.

4. 성령은 드물게 환상 또는 계시로 말씀하신다.

07.
기도의 영성

기도란 무엇인가?

하나님 나라의 청지기들은 하나님의 통치를 받기 위해 기도 훈련을 해야 한다. 예수 그리스도는 기도에 대하여 이렇게 가르치셨다. "또 기도할 때에 이방인과 같이 중언부언하지 말라 그들은 말을 많이 하여야 들으실 줄 생각하느니라 그러므로 그들을 본받지 말라 구하기 전에 너희에게 있어야 할 것을 하나님 너희 아버지께서 아시느니라"(마 6:7-8). 주님은 여기서 기도에 대해 두 가지를 가르쳐 주셨다.

첫째, 기도는 하나님께 말하는 것이다. 하나님과 이야기하는 것이다. 하나님께 우리 마음을 아뢰는 것이다. 성경 말씀이 하나님이 우리에게 말씀하신 것이라면, 기도는 우리가 하나님께 드리는 말이다. 둘째, 기도는 하나님께 구하는 것이다. 우리에게 필요한 것을 하나님께 간청하는 것이다. 필요한 것을 간구하고 응답받는 것이다.

간구 기도가 기도의 기본이지만, 기도의 전부는 아니다. 우리는 여러 가지로 하나님께 말씀드릴 수 있다. 우리는 하나님이 해 주신 고마운 일에 대해 감사 기도를 드릴 수 있다. 하나님의 임재 앞에서 하나님을 찬양하는 기도를 드릴 수 있다. 그냥 내 속에 있는 마음을 주님 앞에 풀어 놓는 토로(토설) 기도를 할 수도 있다.

기도의 종류

우리는 하나님께 다양한 종류의 기도를 드린다. 기도는 그 방법과 형식에 따라 '음성 기도, 묵상 기도, 관상 기도'로 분류할 수 있다. 음성 기도는 말로 드리는 기도다. 묵상 기도는 생각이나 상상력으로 드리는 기도다. 관상 기도는 말과 이미지와 생각 등의 매개체를 사용하지 않고 침묵으로 드리는 기도다. 침묵 기도라고도 부른다. 기도는 또한 기도하는 내용에 따라 대화 기도, 성찰 기도, 회개 기도, 감사 기도, 찬양 기도, 중보 기도 등으로 분류할 수 있다.

성령 충만의 결과로 나타나는 방언 기도가 있다. 방언 기도는 성령이 말하게 하심을 따라 알지 못하는 언어로 말하는 기도다. 하나님의 성령에 이끌려 내 입술을 의탁하고 알지 못하는 방언으로 기도하게 된다. 바울은 방언에 대해 하나님께 영으로 비밀을 말한다고 보았다(고전 14:2). 성령의 말하게 하심을 따라 입술을 성령께 맡기고 영의 무의식으로 하나님께 기도를 드리는 것으로 이해된다(고전 14:14-15). 방언 기도의 내용이 마음으로 이해가 안 되는 안타까움이 있을 때 방언 통역의 은사를 구하게 된다. 방언은 여러 내용을 포함하고 있는 것 같다. 메시지 선포, 간구, 찬양, 감사, 중보, 대적 등 여러 내용으로 기도하는 것 같다.

하나님의 뜻을 선포하는 명령 기도가 있다. 기도하는 상황에서 명령 기도를 해야 할 때가 있다. "내가 진실로 너희에게 이르노니 누구든지 이 산더러 들리어 바다에 던져지라 하며 그 말하는 것이 이루어질 줄 믿고 마음에 의심하지 아니하면 그대로 되리라"(막 11:23). 하나님께 말씀드리는 것이 아니라, 문제에 대해 없어질 것을 명령하는 것이다. 예수 그리스도가 주신 권세를 가지고 믿음으로 선포하는 기도다.

간구 기도

기도의 기본 형태는 간구(청원) 기도다. 간구 기도는 하나님의 도우심을 구하는 기도다. 우리는 왜 기도하는가? 우리는 피조물이고 하나님 아버지는 우리를 돌보시는 창조주 하나님이시기 때문이다. 실제로 하나님을 믿지 않는 사람도 무의식적으로 하나님께 기도한다. 중요한 일을 앞두고 천지신명에게 기도한다. 정화수를 떠 놓고 기도한다. 하늘을 향해 기도한다. 탑을 돌며 기도한다. 기도 없는 종교는 없다.

구원받은 성도는 하나님 아버지의 자녀라는 신분으로 기도드린다. 하나님 아버지가 구하면 응답하겠다고 약속하셨기 때문이다. "너는 내게 부르짖으라 내가 네게 응답하겠고 네가 알지 못하는 크고 은밀한 일을 네게 보이리라"(렘 33:3). 예수 그리스도도 같은 약속을 하셨다. "구하라 그리하면 너희에게 주실 것이요 찾으라 그리하면 찾아 낼 것이요 문을 두드리라 그리하면 너희에게 열리리라"(마 7:7). 예수 그리스도는 예수의 이름으로 기도하면 반드시 응답하겠다고 약속하셨다. "내 이름으로 무엇이든지 내게 구하면 내가 행하리라"(요 14:14). 예수님은 자기 이름에 대해 책임을 지시는 분이다.

어떻게 기도해야 하는가? 첫째, 믿음으로 기도해야 한다. 하나님이 내 기도를 들어 주신다는 것을 믿고 담대하게 기도한다. 기도는 하나님께 구걸하는 것이 아니라 자녀의 권세로 정당하게 요청하는 것이다. 둘째, 인내로 기도해야 한다. 하나님의 약속을 붙잡고 믿음으로 기도하는 사람은 응답을 소망하며 기도한다. 인내는 오랫동안 지속되는 믿음이다.

기도하면 어떻게 되는가? 하나님이 우리 기도에 응답하신다. 기도는 주님의 약속대로 응답된다. 주님이 약속한 것이 아니면 응답되지 않는다. 내가 원하는 방식대로 응답되지 않고, 하나님이 원하시는 방식으로 응답된다. 구하는 것은 우리 일이고, 응답하시는 것은 하나님의 일이다.

여러 가지 응답

즉시 응답

첫째, 하나님은 우리 기도에 즉시 응답하신다. 블레셋이 이스라엘을 공격해 왔을 때, 사무엘은 온전한 번제를 드리고 하나님께 부르짖어 기도했고, 하나님은 우레로 응답하시어 블레셋 군을 흩으셨다(삼상 7:5-11). 엘리야는 갈멜산에서 여호와가 참 하나님임을 알게 해 달라고 기도했고, 하나님은 불로 응답하셨다(왕상 18:20-40). 앗수르 왕 산헤립이 히스기야를 새장의 새처럼 가두었을 때, 히스기야는 하나님을 모욕하는 앗수르 장군의 편지를 들고 성전에 올라가서 기도했고, 하나님은 그 밤에 하나님의 천사를 보내 앗수르 군사 18만 5천 명을 치셨다(왕하 19:1-37). 베드로가 옥에 갇혔을 때, 예루살렘 교회 성도들은 베드로를 위해 간절히 기도했고, 하나님은 밤중에 하나님의 천사를 보내 베드로를 감옥 밖으로 인도해 주셨다(행 12:1-19).

약속의 응답

둘째, 하나님은 약속으로 응답하신다. 이것이 가장 일반적인 기도 응답이다. 하나님은 본래 약속하시고, 약속을 성취하시는 방식으로 역사하신다. 기도한 후 마음이 평안한가? 그것은 하나님이 이루어 주시겠다는 약속이다.

약속의 응답은 기다리라는 응답이다. "기다려라. 내가 반드시 이룰 것이다." 기도한 후 마음에 평안을 주시면 기다리면 된다. 믿음으로 약속을 붙잡고 기다리면 된다. 약속이 아직 이루어지지 않았어도 믿는 사람은 기다릴 수 있다. 하나님은 기도의 응답보다 이를 통해 우리 믿음이 성장하는 것을 더 원하신다.

예레미야는 예루살렘의 멸망을 예언하도록 소명을 받고 하나님께 탄식하며 부르짖었다. 하나님은 이스라엘과 영원한 언약을 다시 세우고 그들을 이 땅에 돌아오게 할 것이라고 응답하셨다(렘 32:1-44). 그러나 하나님은 70년이 지나야 돌아올 것이라고 말씀하셨다(렘 29:10). 초대 교회 성도들은 "마라나타, 주 예수여, 어서 오시옵소서!"(계 22:20) 하고 기도했다. 이 기도는 아직까지 응답되지 않았다. "기다려라. 그 날은 내가 결정한다." 이렇게 말씀하시는 듯하다.

거절의 응답

셋째, 하나님이 기도를 들어 주지 않으실 때도 있다. 하나님은 우리가 잘못 구한 기도는 들어 주지 않으신다. 엘리야는 로뎀나무 아래에서 하나님께 죽여 달라고 기도했으나, 하나님이 거절하셨다. 하나님은 특히 우리가 욕심으로 구한 기도는 들어 주지 않으신다. "너희가 얻지 못함은 구하지 아니하기 때문이요 구하여도 받지 못함은 정욕으로 쓰려고 잘못 구하기 때문이라"(약 4:2-3). 기도가 응답되면 영적으로 우리에게 해가 되기 때문이다.

넷째, 하나님이 더 높은 목적을 위해 우리 기도를 거절하실 때도 있다. 모세는 요단강을 건너가게 해 달라고 기도했으나, 하나님은 거절하셨다. "그만해도 족하니 이 일로 다시 내게 말하지 말라"(신 3:26). 왜 그러셨을까? 모세의 간구를 들어 주실 만도 한데 말이다. 아마 하나님은 다음 세대에게는 여호수아의 리더십이 더 좋다고 판단하신 것이 아닐까? 사도 바울도 자기 몸의 "육체의 가시 곧 사탄의 사자"를 고쳐 달라고 세 번이나 기도했다. 그러나 하나님은 거절하셨다. "내 은혜가 네게 족하도다 이는 내 능력이 약한 데서 온전하여짐이라"(고후 12:9). 왜 그러셨을까? 그 당시는 하나님의 능력이 바울의 약함을 통해 더 드러나기 때문에 그렇게 하셨을 것이다.

더 좋은 응답

다섯째, 하나님은 때로는 우리가 구하는 것보다 더 좋은 것을 주기도 하신다. 우리가 구하는 것이 부족하다 싶으면, 하나님이 더 좋은 것으로 바꾸어 주신다. 아브라함이 "이스마엘이나 하나님 앞에 살기를 원하나이다"(창 17:18) 했을 때, 하나님은 사라를 통해 적자 이삭을 주셨다(창 21:1-7). 다윗이 선지자 나단에게 하나님의 성전을 짓고 싶다고 했을 때, 하나님은 다윗의 나라를 영원히 보전하고 그 왕위를 영원히 견고하게 보전해 주실 것이라고 하셨다(삼하 7:1-15). 바벨론 포로기 이후, 이스라엘은 다윗 같은 메시야를 구했으나, 하나님은 인류를 구원할 하나님의 아들을 보내 주셨다.

하나님은 내가 구한 대로 주지 않고, 나에게 필요한 것을 주신다. 우리의 욕망은 채워 주지 않아도, 필요는 채워 주신다. 모든 사람에게 좋은 것이 아니라 나에게 좋은 것을 주신다. "너희가 악한 자라도 좋은 것으로 자식에게 줄 줄 알거든 하물며 하늘에 계신 너희 아버지께서 구하는 자에게 좋은 것으로 주시지 않겠느냐"(마 7:11).

감사

기도 응답을 받은 후 감사하자. 작더라도 감사의 예물을 드리자. 감사는 하나님이 해 주신 일을 인정하는 것이다. 하나님이 도우신 일에 대해 고맙다고 반응하는 것이다. 하나님은 감사 기도를 기뻐하신다. 하나님이 주신 은혜와 도움을 인정하는 것이기 때문이다. 하나님은 감사 기도를 드리는 자에게 더 많은 것을 주고 싶어 하실 것이다.

성취의 지연

하나님께 기도 응답의 약속을 받았는데, 아직 이루어지지 않은 경우가 많다. 성취의 지연의 신비에 무슨 이유가 있을까? 첫째, 하나님은 아직 약속이 실현되기 전에 약속을 믿는 우리의 믿음을 보고 싶어 할 수도 있다. 둘째, 하나님의 약속이 이루어진 일을 감당할 수 있도록 우리를 훈련시킬 필요가 있을 수도 있다. 하나님은 기도 응답보다 우리의 영적 변화를 더 원하시지 않겠는가. 셋째, 순종을 조건으로 약속을 주신 경우에 우리가 아직까지 순종하지 않았기 때문일지도 모른다.

기도가 응답되지 않을 때 나는 바울의 말씀을 묵상한다. "아무것도 염려하지 말고 다만 모든 일에 기도와 간구로, 너희 구할 것을 감사함으로 하나님께 아뢰라 그리하면 모든 지각에 뛰어난 하나님의 평강이 그리스도 예수 안에서 너희 마음과 생각을 지키시리라"(빌 4:6-7). 문제가 생기면 나는 우선 염려하지 않으려고 노력한다. 염려해 보았자 효과가 없다는 것을 인정한다. 문제보다 하나님이 더 크시다고 고백한다. 주님이 그동안 베풀어 주신 모든 은혜를 기억해 낸다. 형편과 상황에 상관없이 하나님이 주시는 평강이 임할 때까지 기다린다.

기도의 성장

우리의 기도는 더 좋은 것을 구하고 응답받으면서 성장하는 것 같다. 처음에는 당장 필요한 것을 구하다가 점점 더 중요한 것을 구하게 된다. 죄 용서를 구하는 회개 기도를 드린다. 하나님의 음성을 구하는 대화 기도를 드린다. 말씀의 의미를 구하는 묵상 기도를 드린다. 문제 있는 사람들을 위해 중보 기도를 한다. 하나님의 복을 넘어 하나님의 임재를 구하는 관상 기도에 이끌린다.

기도가 성장하면 명령 기도도 하게 된다. 성경의 구속사를 묵상하다 보면, 예수 그리스도가 "다 이루셨다"는 것이 믿어진다. 하나님이 이미 모든 필요를 공급하셨다는 것을 알게 된다. 예수 그리스도의 이름의 권세를 알게 된다. 주님이 주신 믿음의 권세로 문제의 '산'을 옮기는 경험을 하게 된다. 문제를 향하여 선포하다 보면, 문제가 점점 작아지다가 없어진다. 그러면서 하나님 나라의 통치를 실현하는 대행자(agent)로 살게 된다.

8.
공동체의 영성

하나님 나라의 청지기들은 하나님의 통치를 받고 대행하기 위해 공동체를 세우는 훈련을 해야 한다. 하나님 나라는 관계의 나라다. 창세기에서 하나님은 복수형의 하나님이셨다. "하나님이 이르시되 우리의 형상을 따라 우리의 모양대로 우리가 사람을 만들자"(창 1:26). 복수형의 하나님은 복수의 인간, 남자와 여자를 창조하셨다. "하나님이 자기 형상 곧 하나님의 형상대로 사람을 창조하시되 남자와 여자를 창조하시고"(창 1:27). 복수형 하나님이 복수의 사람을 만들었다는 것은 무엇을 의미할까? 관계 속의 하나님이 관계 속의 인간을 지으셨다는 것을 의미한다. 하나님도 관계 속에 있고, 인간도 관계 속에 존재한다는 것이다. 하나님은 아담 옆에 돕는 배필로 여자를 창조하시고(창 2:18), 남자와 여자가 서로 도우며 살게 하셨다.

공동체

인간이 관계 속에서 살아갈 때, 공동체가 형성된다. 공동체는 인간이 함께 하는 관계가 외형으로 드러난 질서이다. 공동체 (community)는 '함께'(com)와 '선물'(munus)의 합성어이다. 서로에게 선물이 되어 주는 모임이라는 뜻이다. 공동체는 서로 소속하게 하고 중요한 무언가를 공유하게 해 준다. '공유'(sharing)와 '소속'(belonging)이 공동체의 특징이다. 가족, 친구, 사회, 학교, 동호회, 국가, 지구촌이 다 공동체다. 서로에게 속하여 함께 공유하며 살아간다.

세상에서 온전한 공동체를 보기가 쉽지 않다. 아담의 타락으로 인간의 관계 공동체가 깨졌기 때문이다. 성경은 하나님의 선택과 언약으로 말미암아 인간의 공동체가 회복되기 시작했다고 말한다. 하나님은 이스라엘을 통해 일차적으로 국가 공동체를 실험하셨고, 이스라엘의 반역으로 실패하자 예수 그리스도를 보내어 새로운 교회 공동체를 시작하셨다.

예수 그리스도는 제자 공동체를 만드셨다. 오천 명의 무리가 아니라 12명의 제자와 공동체를 이루셨다. 예수 그리스도는 책을 쓰는 대신 진리의 영을 받은 제자 공동체를 만드셨다. 사도행전 교회는 그리스도가 성령의 역사로 세우신 제자 공동체요 신자 공동체요 그리스도인 공동체였다.

초대 교회는 교회 공동체 안에서 서로 교제하는 '코이노니아'의 삶을 살았다. "그들이 사도의 가르침을 받아 서로 교제하고 떡을 떼며 오로지 기도하기를 힘쓰니라"(행 2:42). 코이노니아는 교제 (공동체), 참여, 사귐(친구, 동료, 동아리), 나눔 등 여러 가지 의미를 포함한다. 교회 공동체의 삶은 한두 마디로 설명할 수 없는 풍요로운 신비이다. 어느 누구도 공동체를 알기가 쉽지 않다. 사랑을 경험하지 못한 사람이 사랑을 알 수 없듯이, 공동체를 경험하지 못한 사람도 공동체를 알 수 없다. 공동체의 맛을 본 사람만이 공동체를 알 수 있다.

그리스도의 몸

바울은 고린도전서 12장에서 교회 공동체를 '그리스도의 몸'으로 비유했다. "너희는 그리스도의 몸이요 지체의 각 부분이라"(고전 12:27). 교회는 지체들이 함께 한 몸을 이룬 유기적 공동체였다. 바울이 생각한 그리스도의 몸은 무엇을 의미할까?

첫째, 그리스도의 몸은 지체들의 하나 됨을 의미한다. 여러 지체가 있지만 그들은 이미 하나라는 것이다. 고린도 교회가 분열 속에 있다는 것은 바울이 더 잘 알고 있었다. 그런데 왜 고린도 교회가 하나란 말인가? 바로 한 성령이 그리스도 안에서 한 몸으로 만드셨기 때문이다. 바울에 의하면, 고린도 교회 신자들은 한 성령으로 세례를 받아 한 몸이 되었다(고전 12:13). 로마 교회 신자들도 그리스도 안에서 한 몸이 되었다(롬 12:5).

둘째, 그리스도의 몸은 지체들의 다양성과 독특성을 의미한다. 그리스도의 몸이 하나라고 모든 지체가 다 동일한 것은 아니다. 지체들은 서로 다르다. 하나님이 다르게 지으셨고 각각 다른 은사를 주셨다. 지체들이 서로 다른 것이 몸의 축복이다. 지체들은 다를 뿐만 아니라 독특하다. 각자 고유한 인격과 독특한 은사를 갖고 있다. 그리스도의 몸 안에서 지체들은 각각 고유한 가치와 역할로 빛나고 있다.

셋째, 그리스도의 몸은 지체들의 상호 관계성을 의미한다. 지체들은 그리스도 안에서 서로 긴밀하게 관련되어 있다. 지체들은 서로 영향을 주고받는다. 하나가 아프면 모두가 아프고, 하나가 건강하면 모두를 건강하게 한다. 지체들은 서로 체휼하고 공감한다. 우는 자와 함께 울고, 웃는 자와 함께 웃는다.

그리스도의 몸 안에서 지체들은 어떤 일을 하는가? 지체들은 각각 다른 지체를 세우는 일을 한다. 각자 받은 은사대로 다른 지체를 성장시킨다. 각자 받은 은사로 다른 지체를 도우면서 성장시킨다. 다른 지체들의 필요를 채움으로써 성장시킨다. 하나님이 은사를 주시지 않은 지체는 없다. 아무리 부족한 지체라도 다른 지체를 섬길 능력이 있다.

공동체의 영성, 친밀함

공동체라고 모두 다 친밀한 관계를 누리는 것은 아니다. 공동체의 형식만 남은 공동체도 많다. 느슨한 공동체도 있고, 평범한 공동체도 있고, 친밀한 공동체도 있다. 친밀함이 무엇인가? 친밀함은 서로 가깝게 느끼고 편하게 느끼는 관계다. 우리는 어떻게 공동체 안에서 친밀함을 누릴 수 있을까? 친밀한 관계는 '상호 용납, 상호 교류, 상호 공유'라는 세 가지 과정을 통해 이루어지는 것 같다.

첫째는 상호 용납이다. 상호 용납은 서로를 고유한 인격으로 인정하는 것이다. 상대방을 자기 뜻이 있고 자기 의도가 있는 인격으로 존중하는 것이다. 상대방을 관계의 파트너로 받아들이는 것이다. 상대방을 주체적 인격으로 인정하지 않으면 어떤 일이 생길까? 지배하거나 조종할 것이다. 쫓아버리거나 내가 떠나고 말 것이다. 서로 용납하지 못하면 관계는 시작도 못하고, 시작된 관계라도 바로 깨질 것이다.

둘째는 상호 교류다. 상호 교류는 서로 자기 마음을 나누는 것이다. 한 사람이 자기 생각을 표현하고 상대방이 이에 진실하게 반응할 때 관계가 형성된다. 독심술의 은사가 있는 사람은 없다. 말을 안 해도 내 마음을 알아줄 사람은 없다. 먼저 내가 말하여 마음을 드러내야 한다. 한 사람이 말한 것을 누군가 들어 주면 두 인격 사이에 놀라운 일이 일어난다. 대화, 소통, 공감이 일어난다. 상대방의 생각에 꼭 동의할 필요는 없다. 이해하고 존중해 주면 관계는 유지된다.

셋째는 상호 공유다. 둘이 서로 경험을 나누면 둘 사이에 공유된다. 서로 경험을 공유하게 된다. 그 사람의 기쁨이 내 기쁨이 되고, 내 슬픔이 그 사람의 슬픔이 된다. 함께 즐거워하고 함께 슬퍼하게 된다. 그러면 관계가 깊어진다. 두 사람의 마음이 하나가 된다. 그러면 친밀해진다. 서로 가깝게 느끼고 없어도 있는 것처럼 느낀다.

인간이 공유할 수 있는 최고의 가치는 하나님의 현존이다. 교회 공동체는 하나님의 현존을 공유하고 경축하는 곳이다. 우리는 공동체 지체 안에서 서로 하나님의 현존을 발견한다. 그냥 서로 바라만 보아도 좋다. 한 사람에게 임한 하나님의 은혜를 보고 모두 기뻐한다. 한 인격의 변화를 보고 모두가 감격한다. 하나님으로 즐거워하다가 하나님으로 변화된 인격으로 더 즐거워한다.

공동체와 성장

장 바니에(1928-2019)는 1964년 일반인과 장애인이 함께 사는 '라르쉬'(방주) 공동체를 만들었다. 토론토 마이클대학 철학 교수였던 바니에는 두 명의 정신지체 장애인과 북프랑스의 한 농가에서 함께 사는 공동체를 만들었다. 그는 라르쉬 공동체의 경험을 바탕으로 『공동체와 성장』(1979)이라는 놀라운 책을 썼다. 그는 공동체 안에서 다음과 같은 다섯 가지 핵심 요소를 발견했다.

첫째, 공동체는 공동의 목적을 갖고 있다. 공동체는 하나님의 특별한 부르심을 통해 모였고, 하나님이 주신 공동의 목적을 이루기 위해 존재한다. 그리스도인 공동체는 하나님 나라의 삶을 살기 위해 모인 교회 공동체다. 라르쉬 공동체는 정신 지체 장애인과 비장애인이 함께 하나님 나라를 살기 위해 모인 특수 공동체다.

둘째, 공동체는 서로 용납하는 곳이다. 세상은 우리의 좋은 점만 받아들이고 우리의 나쁜 점은 거부한다. 공동체는 지체들의 좋은 점과 나쁜 점을 모두 있는 그대로 받아들인다. 지체를 있는 그대로 존귀한 한 인격으로 대우한다. 함께 살다 보면 상처를 받지만, 내가 받은 용서를 기억하고 용서한다.

셋째, 공동체는 서로 약함을 나누는 곳이다. 세상은 우리의 약점을 공격하지만, 공동체는 나의 약함을 품어 준다. 나를 공격하는 이가 없으니, 나를 방어할 필요가 없다. 내 약점을 품어주니 감출 이유도 없다. 지체들의 수용을 받으며 우리는 각자 필요한 대로 놀라운 치유를 경험하게 된다.

넷째, 공동체는 서로 헌신하는 곳이다. 세상은 자기를 위해 살지만, 공동체는 서로 지체들의 짐을 져 준다. 지체 혼자 고통받고 고민하게 하지 않는다. 문제가 있으면 서로 도움을 주며 함께 해결한다. 도움을 받기만 하는 지체는 없다. 일방적으로 받기만 하면 복지 시설이지 공동체가 아니다. 공동체 안에서 우리는 도우면서 동시에

도움을 받는다. 보이는 도움을 주고, 보이지 않는 도움을 받는다.

다섯째, 공동체는 서로 성장하는 곳이다. 우리는 흔히 사람을 돕다가 의존적으로 만드는 경향이 있다. 공동체는 도움을 받는 사람을 어떻게든 성장시킨다. 남을 양육하며 나도 성장한다. 공동체 안에는 특별히 내 맘에 들지 않는 사람들이 있다. 짜증 나게 하는 사람도 많다. 공동체 안에서 우리는 이런 사람을 품는 훈련을 하며 성장한다. 사람을 품기 위해 내 자아를 부정하며, 제자를 품는 예수 그리스도를 닮아간다.

코이노니아 훈련

어떻게 공동체 안에서 코이노니아의 삶을 훈련할까? 첫째, 인격적 관계가 가능한 소그룹 (셀) 안에서 '삶 나눔'을 해야 한다. 복음에 순종한 은혜로운 삶을 나누어야 한다. 말씀에 순종하지 못한 삶도 나누어야 한다. 죄 고백만큼 강력한 성령의 도구가 없다. 죄 나눔만큼 은혜로운 것이 없다. 내 죄가 드러날 때, 예수 그리스도의 십자가의 보혈이 영광을 받는다. 하나님께 받은 응답을 나누는 감사의 간증도 지체들에게 좋은 선물이다. 그러나 내 허물과 약함을 드러내는 간증은 죄에 짓눌려 있는 지체들을 살린다.

둘째, 공동체 안에서 지체의 나눔을 있는 그대로 경청해 주어야 한다. 상대방의 말을 있는 그대로 반영하고 공감해 주며 들어주면 된다. 물론 듣는 일만큼 어려운 일이 없다. 상대방의 말을 끊고 가르치기 일쑤다. 그러면 관계는 깨진다. 잘 듣기 위해서는 오히려 질문을 해야 한다. 이런 뜻이냐 저런 뜻이냐 물어보라. 이것을 보통 '명료화' 질문이라고 한다. 명료화를 통한 공감적 경청이 코이노니아의 삶의 핵심이다.

셋째, 공동체 안에서 지체를 섬기는 리더로 양육해야 한다. 섬김으로 양육해서 다른 지체를 섬기는 자로 세워야 한다. 그들이 어떤 은사를 받았는지 식별해서 섬기는 자로 키워야 한다. 이들이 또 다른 공동체를 만들어 2세대, 3세대 리더를 기르게 해야 한다. 자녀가 분가하여 집안을 확장하듯이, 공동체가 분가하여 하나님 나라를 확장시켜야 한다.

공동체와 선교

우리 시대에는 특별히 교회 밖의 공동체가 중요하다. 신자들이 불신자와 어울려 만든 공동체를 통해서 복음이 흘러가기 때문이다. 이와 관련해 '선교적 교회'(missional church)가 등장했다. 안 믿는 사람들에게 다가가서 이들과 공동체를 이루고 복음을 전하는 교회를 말한다. 만인 제사장의 시대, 만인 선교사, 만인 사역자의 시대다. 세상 사람들이 교회로 올 가능성이 작아지고 있다. 그러니 세상으로 나아가는 교회를 만들어야 한다. 그들과 공동체를 이루고 삶과 복음을 함께 나누는 삶을 살아야 한다. 미래 교회는 불신자와 관계를 맺는 성도들의 능력에 모든 것이 달려 있는 것 같다.

성경 전체를 보면 삼위일체 하나님 안에 있는 하나님의 코이노니아가 신자 공동체의 코이노니아를 타고, 세상 사람들과의 코이노니아로 흘러가는 그림이 그려진다. 하나님의 선교가 공동체의 코이노니아를 타고 땅 끝을 향해 나아가는 그림이다. "두세 사람이 내 이름으로 모인 곳에는 나도 그들 중에 있느니라"(마 18:20), "아버지가 나를 세상에 보내신 것같이 나도 너희를 세상에 보내노라"(요 17:18).

하나님 나라의 청지기들이 하나님의 통치를 받고 대행하기 위해 말씀의 영성과 기도의 영성과 공동체의 영성을 훈련해야 한다는 것을 살펴보았다. 하나님 나라의 통치를 받는 영적 삶의 본질은 무엇일까? 영성 신학자들은 영성을 믿음과 소망과 사랑의 덕으로 설명했다. 바울도 "믿음, 소망, 사랑, 이 세 가지는 항상 있을 것"(고전 13:13)이라고 했다. 세 가지 영적 미덕은 다 하나님과의 관계다. 믿음도 하나님과의 관계이고, 소망도 하나님과의 관계이고, 사랑도 하나님과의 관계다. 필자는 여기에 회개를 추가해야 할 필요성을 느꼈다. 하나님 나라를 믿는 만큼 하나님 나라로 회개할 수 있고, 하나님 나라로 거듭 돌이키는 회개가 하나님 나라의 삶이기 때문이다.

9.
믿음의 영성

믿는 인간

인간은 '호모 사피엔스'(homo sapiens)다. 지혜 있는 인간이란 뜻이다. '호모 루덴스'(homo ludens)라고도 한다. 놀이하는 인간이라는 의미다. 인간은 '호모 크레덴스'(homo credens)이기도 하다. 믿는 인간이라는 뜻이다. 인간은 믿지 않고는 살 수 없다. 모두다 나름 믿음을 갖고 산다. 가족을 믿고 직장을 믿고 자동차를 믿고 산다. 믿음이 없이는 일상의 생활 자체가 불가능하다.

우리는 어떤 것을 믿을까? 우리는 어떤 가치 있는 것을 믿는다. 돈이 가치가 있어 돈을 믿는다. 우리는 확실하지 않은 것을 믿는다. 수학 공식처럼 확실한 것은 믿음의 대상이 아니라 지식의 대상이다. 그렇다고 무턱대고 믿지는 않는다. 어느 정도 근거가 있어야 믿는다. 일상생활 중 가장 힘든 것은 사람을 믿는 일 같다.

세 왕국론과 관련하여, 영적 믿음과 혼적 믿음과 육적 믿음이 있다. 육적 믿음은 어둠의 세계에서 통용되는 마귀 나라의 믿음이다. 남을 죽여야 내가 산다는 사고방식 같은 것이다. 혼적 믿음은 인간 나라에서 통하는 믿음이다. 은행을 믿고 예금을 한다. 맞은편에서 오는 자동차가 차선을 지킬 것을 믿고 운전한다. 영적 믿음은 하나님 나라에서 작동하는 믿음을 가리킨다.

성경의 믿음

성경은 믿음을 무엇이라고 말하는가? 믿음은 우선 하나님을 믿는 것이다. 하나님이 모든 존재 중에서 가장 궁극적 존재라는 것을 믿는 것이다. 믿음은 하나님이 우리 기도를 들으시는 것을 믿는 것이다. "하나님께 나아가는 자는 반드시 그가 계신 것과 또한 그가 자기를 찾는 자들에게 상 주시는 이심을 믿어야 할지니라"(히 11:6).

마르틴 루터는 믿음을 하나님 약속의 말씀에 대한 신뢰라고 보았다. 하나님이 말씀하신 것을 이루신다는 것을 믿는다는 것이다. 하나님이 자기 말에 대해 책임질 것을 믿는다는 뜻이다. 하나님은 인간에게 하나님 말씀을 믿을 수도 있고 믿지 않을 수도 있는 자유 의지를 주셨다. "동산 각종 나무의 열매는 네가 임의로 먹되 선악을 알게 하는 나무의 열매는 먹지 말라 네가 먹는 날에는 반드시 죽으리라"(창 2:16-17).

　불신앙은 하나님의 말씀을 믿지 않는 것이다. 하와는 하나님 말씀을 틀어서 믿었다. 하나님은 "반드시 죽으리라" 하셨는데 "너희가 죽을까 하노라"(창 3:3)라고 왜곡해서 믿었다. 불신앙을 이용하여 뱀이 하와를 속이고 거짓말을 집어넣었다. "너희가 결코 죽지 아니하리라"(창 3:4), "너희 눈이 밝아져 하나님과 같이 되어 선악을 알 줄 하나님이 아심이니라"(창 3:5). 하나님 말씀을 믿지 않으면 결국 사탄의 거짓말을 믿게 된다.

믿음의 유익

　믿으면 어떤 유익이 오는가? 당연히 하나님의 약속이 이루어지는 것을 경험하게 된다. 예수 그리스도가 십자가에서 이루신 모든 축복을 누리게 된다. 죄 용서를 받고, 치유를 받고, 사랑을 받고, 축복을 받는다. 예수 그리스도 안에 있는 모든 축복이 내 것이 된다.

　믿으면 하나님 아버지와의 관계에 근거하여 자녀의 권세를 주장할 수 있다. "무엇이든지 기도하고 구하는 것은 받은 줄로 믿으라 그리하면 너희에게 그대로 되리라"(막 11:24). 때로는 아버지의 권위를 대행하는 권세를 누리기도 한다. "누구든지 이 산더러 들리어 바다에 던져지라 하며 그 말하는 것이 이루어질 줄 믿고 마음에 의심하지 아니하면 그대로 되리라"(막 11:23).

믿음의 여정

우리는 믿음이 좋다는 말을 한다. 이 말은 믿음을 고정된 상태로 오해하게 한다. 성경은 믿음을 오히려 역동적 과정으로 이해한다. 믿음은 시작이 있고 성장이 있고 성숙이 있는 여정이다. 하나님과 올바른 관계 안으로 들어가는 시작이 있고, 하나님과의 관계에서 점점 더 가까워지는 성장이 있고, 하나님과 친밀한 관계를 누리는 성숙이 있다.

믿음의 시작

믿음은 말씀을 듣는 데서 시작된다. "믿음은 들음에서 나며 들음은 그리스도의 말씀으로 말미암았느니라"(롬 10:17), "듣지도 못한 이를 어찌 믿으리요"(롬 10:14). 하나님이 아브라함에게 뭐라고 말씀하셨는가? 고향과 친척과 아버지의 집을 떠나라고 하셨다. 어디로 가라는 것인가? 앞으로 보여 줄 것이니 가라고 하셨다. 앞으로 땅을 줄 것이고 큰 민족을 이루고 복의 근원이 될 것이라고 하셨다. 황당한 약속이다. 그런데 아브라함은 이 약속의 말씀을 듣고 떠났다.

믿음은 선물이다. 하나님의 말씀을 들을 때 말씀이 우리에게 믿음을 일으키신다. 내가 믿는 것이 아니라 성령이 믿게 하신다. 믿음은 선택이기도 하다. 믿음은 하나님 말씀에 내 인생을 거는 것이다. 인간의 말이나 사탄의 말이 아니라 하나님 말씀에 목숨을 거는 것이다. 온 마음으로 내 인생을 예수 그리스도께 던지는 것이다. 그리스도께 내 사후의 운명을 맡긴다.

믿음의 성장

믿음은 말씀이 이루어지는 것을 경험하며 성장한다. 말씀에 순종하고 하나님의 복을 받는 것을 반복하며 믿음이 성장한다. 행함 없는 믿음은 사실 믿음이 아니다. "행함이 없는 믿음은 그 자체가 죽은 것이라"(약 2:17). 머리로 믿고 가슴으로 믿고 말로 믿고 행함으로 믿어야 믿음이다.

믿음이 없어 행하지 않는 것도 문제지만, 믿음이 없이 행하는 것도 문제다. 자기 공로로 구원을 얻으려는 율법주의에 빠진다. 자기 행함을 자랑하고 자기 의를 주장하고 실천 없는 사람을 비난한다. 그러나 믿음으로 말씀에 순종한 사람은 하나님께 감사드리고 영광을 돌린다. 은혜로 순종했다는 것을 알기 때문이다. 아무리 위대한 일을 해도 자기를 '무익한 종'으로 인정한다.

어떻게 믿음을 성장시키는가? 하나님 약속의 말씀을 들어야 한다. 아브라함도 아들에 대한 약속을 반복적으로 받았다. 약속이 조금씩 더 구체화되었다. 창세기 12장은 큰 민족이 되리라 하셨다. 15장에서 상속자는 엘리에셀이 아니고 네 몸에서 난 자를 줄 것이라 하셨다. 17장은 이스마엘이 아니라 사라에게서 난 이삭을 줄 것이라고 하셨다. 18장은 천사 셋을 보내어 사라도 듣게 하셨다. 하나님께 응답받은 사람의 이야기를 듣는 간증은 우리 믿음을 성장시키는 데 도움이 된다.

우리는 어떤 하나님의 약속은 믿는데, 어떤 약속은 믿지 못한다. 죄 용서는 믿는데, 죄에 대한 승리는 믿지 못한다. 구원은 믿는데 치유는 믿지 못한다. 내가 아직도 믿지 못하는 말씀이 무엇인지 점검해 보자. 할 수 있는 대로 말씀에 순종해 보자. 벼랑 끝에서도 말씀에 순종하는 모험을 해 보자.

믿음의 시험

믿음은 하나님의 시험을 받는다. 하나님은 우리가 궁극적으로 믿는 것이 무엇인지 검증하신다. 하나님을 믿는지 아니면 선물을 믿는지 테스트하신다. 아브라함은 아들을 제물로 바치라는 시험을 받았다. 하나님이냐? 아들이냐? 아브라함은 믿음의 시험을 통과했다. "내가 이제야 네가 하나님을 경외하는 줄을 아노라"(창 22:12).

믿음의 시험은 자아가 부정되어야 통과할 수 있다. 자아가 죽어야 한다. "내가 그리스도와 함께 십자가에 못 박혔다"(갈 2:20)고 선포하고 통과해야 한다. 사나 죽으나 하나님께 영광이 되기를 바라는 믿음이어야 시험을 넘어갈 수 있다.

믿음의 성숙

믿음이 성숙하면 약속의 말씀대로 살 수 있다. 아브라함은 모리아 산에서 믿음의 시험을 통과한 후 계속하여 믿음의 삶을 살았다. 사라가 죽었을 때, 은 사백 세겔로 헤브론의 막벨라 굴을 구입했다(창 23:16). 종에게 며느리를 구해 오라고 부탁할 때, 하나님이 며느리를 택해 주실 것이라고 말했다(창 24:7). 아들을 고향으로 데려가지 말라고 명령했다(창 24:8).

믿음이 성숙하면 하나님의 통치를 받으며 산다. 하나님의 복을 받고 산다. 하나님과 친밀한 관계를 누리며 모든 일에서 샬롬을 경험한다. 주위 사람들에게 하나님의 복을 유통하며 산다. 하나님의 이름으로 이웃을 섬기며 산다.

믿음이 성숙하면 소망으로 산다. 아브라함은 약속의 성취를 소망하며 믿음 안에서 죽었다(창 25:7). 땅과 민족이라는 큰 약속은 성취되지 않았으나, 막벨라 굴과 이삭과 리브가를 얻었다. 작은 약속의 성취 안에서 큰 약속의 성취를 내다보고 행복하게 죽었다.

믿음이 성숙하면 고난의 상황에서 안식을 누린다. 부조리한 상황 속에서도 하나님이 의롭다는 것을 믿을 수 있다. 하나님은 언제나 선하고 옳다는 것을 이해한다. 상황과 상관없이 마음의 고요와 평안을 누린다. "이미 믿는 우리는 저 안식에 들어가는도다"(히 4:3).

10
회개의 영성

회개란 무엇인가?

하나님 나라의 삶은 회개하는 삶이다. 회개란 무엇인가? 회개
는 돌이키는 것이다. 히브리어로 '슈브'다. 헬라어로는 '메타노에
오'(metanoeo)다. '생각을 바꾸는 것'(change of mind)이라는 의
미다. 성경에서 회개는 나라를 바꾸는 일이다. 세상 나라에서 하나
님 나라로 국적을 옮기는 것이다. 주인을 바꾸고, 왕을 바꾸고, 소
속을 바꾸는 일이다. 회개는 하나님의 통치를 받기 위해 꼭 필요한
일이다.

믿음과 회개는 동전의 양면이다. 우리는 믿는 만큼 회개하고 회
개하는 만큼 믿는다. 미국이라는 나라가 있다는 것을 믿어야 그곳
에 이민을 갈 수 있다. 하나님 나라가 믿어져야 세상 나라의 삶을

포기할 수 있다. 믿음이 깊어질수록 회개도 깊어지고, 회개가 깊어질수록 믿음도 깊어진다.

세 왕국론과 관련하여, 회개도 영적 회개와 혼적 회개와 육적 회개로 구분해 볼 수 있다. 육적 회개는 죄에 대해 지나치게 후회하는 것이다. 이것은 마귀 나라의 회개다. 죄책감과 자기 연민에 빠져 결국 자기를 파괴한다. 혼적 회개는 자기 죄를 뉘우치고 잘못을 고치는 것이다. 이런 회개라도 해야 자기 인격을 지키고 사회에서 성공을 유지할 수 있다. 이것은 인간 나라의 회개에 해당한다. 영적 회개는 하나님 나라로 돌이키는 회개를 말한다. 하나님 나라로 영원히 거할 처소를 옮기는 것을 말한다. 천국의 삶의 방식을 선택하는 것이다. 남아 있는 세상 나라의 잔재를 청산하고, 하나님의 말씀을 따라 성령의 인도를 받으며 영원한 삶을 산다.

죄란 무엇인가?

회개는 죄를 회개하는 것이다. 죄가 무엇인가? 헬라인은 죄를 무지와 연약함 같은 인간의 운명적 한계라고 생각했다. 근대 서구인은 진보를 거부하는 비겁함으로 보았다. 유교는 나쁜 환경과 배우지 못한 것으로 보았다. 힌두교는 불변하는 진리에 대한 무지로 이해했다. 불교는 욕심 또는 집착으로 보았다.

성경에서 죄는 헬라어로 '하마르티아'다. 화살이 과녁에서 벗어나 있는 것을 의미한다. 하나님을 향하지 않는 것, 하나님을 목적으로 삼지 않는 것이 죄라는 것이다. 죄는 결국 하나님을 믿지 않는 것이다. 창세기 3장은 하나님의 말씀을 믿지 않고 사탄의 거짓말을 믿는 것을 죄라고 했다. 요한은 예수 그리스도를 믿지 않는 것을 죄라고 했다. "죄에 대하여라 함은 그들이 나를 믿지 아니함이요"(요 16:9).

성경은 우리 죄가 우리 생각보다 훨씬 더 크고 깊다고 말한다. 바울은 이런 고백을 했다. "내 속 곧 내 육신에 선한 것이 거하지 아니하는 줄을 아노니 원함은 내게 있으나 선을 행하는 것은 없노라 내가 원하는 바 선은 행하지 아니하고 도리어 원하지 아니하는 바 악을 행하는도다 만일 내가 원하지 아니하는 그것을 하면 이를 행하는 자는 내가 아니요 내 속에 거하는 죄니라"(롬 7:18-20). 내 속에서 죄가 나를 지배하고 있다는 것이다. 우리 안에 죄가 참 많다. 율법을 지키지 않은 죄가 있다. 율법을 지켜도 믿음으로 지키지 않은 것은 다 죄다. "믿음을 따라 하지 아니하는 것은 다 죄니라"(롬 14:23). 사랑으로 하지 않는 것도 다 죄다. 내 힘으로 한 것도 다 죄다. 해도 죄, 안 해도 죄라면 어찌해야 할까? 돌이켜 회개하는 수밖에 없다.

평생 회개

회개에 대하여 오해가 있다. 우리는 회개를 신앙생활을 시작하는 처음에만 하는 것으로 생각한다. 이것은 회심이다. 회개는 평생 지속되는 전 생애의 과정이다. 루터는 세례받은 신자는 평생 회개 해야 한다고 말했다. 하나님 나라에서 인간 나라와 마귀 나라로 떨어질 때마다 바로 깨닫고 돌이켜야 한다. 거듭 하나님 나라로 돌이키는 회개의 삶을 살아야 한다. 죽는 순간까지 회개해야 하고, 죽는 순간에도 회개한다. 그래야 천국에 들어갈 수 있다.

중생 이전의 회개

중생하기 전에는 진정한 회개를 할 수 없다. 자기 죄에 대해 후회하고 슬퍼하지만, 돌아서지는 못한다. 나쁜 행실은 고치기 어렵다. 반복되는 행위에 중독되면 자기 연민과 실망과 절망에 빠진다. 이것은 육적 회개다. 의지력이 강한 사람은 잘못을 고치기도 한다. 담배와 술을 끊고 습관을 고친다. 그러나 외적인 행위를 고쳐도 마음을 고치지는 못한다. 이것은 혼적 회개에 해당한다.

중생의 회개

진정한 회개는 영이 중생할 때 일어난다. 예수 그리스도는 "때가 찼고 하나님 나라가 가까이 왔으니 회개하고 복음을 믿으라"(막 1:15)고 선포하셨다. 하나님 나라가 임하였으니 세상 나라로부터 하나님 나라로 돌이키라고 말씀하셨다. 이제는 하나님 나라에 들어와 천국의 삶을 살아 보라고 초청하셨다. 나는 중생의 회개를 '큰 회개'라고 부르고 싶다. 삶의 틀(패러다임)을 전환하는 거대한 돌이킴이기 때문이다.

중생의 회개는 인간이 할 수 있는 일이 아니다. 성령이 역사하셔야 한다. 성령이 회개하도록 우리 마음을 움직이셔야 한다. 기도원에서 떼굴떼굴 구르며 회개하는 사람을 본 일이 있다. 그들을 회개시키는 성령님은 정말 위대하시다. 우리는 스스로 회개할 수는 없다. 그러니 회개시켜달라고, 회개의 영을 부어달라고 기도할 수밖에 없다.

중생 이후의 회개: 신자의 회개

중생할 때 우리는 죄에 대한 책임을 용서받는다. 그러나 우리의 죄성은 여전히 남아 있다. 그래서 중생한 후에도 계속적으로 회개하는 삶을 살아야 한다. 중생 후에 남아 있는 세상 나라의 삶의 방식을 버려야 한다. 웨슬리는 이것을 '신자의 회개'라고 불렀다. 나는 이것을 '작은 회개'라고 부른다. 하나님 나라에 어울리지 않는 과거의 삶의 방식을 하나하나 디테일하게 회개해야 하기 때문이다.

중생한 그리스도인이 하나님 나라만 사는 것이 아니다. 하나님의 말씀 아래 있을 때는 하나님 나라를 살지만, 그렇지 못할 때는 인간 나라와 마귀 나라를 산다. 그러니 하나님 나라의 관점에서 내 삶을 보고 하나님 말씀의 지배를 받지 못하는 영역을 찾아내어 하나하나 회개해야 한다. 거듭난 영의 관점에서 하나님 나라에 어울리지 않는 옛 사람의 행실과 태도를 자각하고 돌이켜야 한다.

자아 부정을 하고 나면 회개가 쉬워진다. 자아를 방어할 필요가 없으니 쉽게 회개가 된다. 자존심을 지킬 필요가 없으니 저항감이 없어진다. 자아 부정 이후에는 주로 행위의 동기에 대해 회개하게 된다. 믿음으로 하지 않은 행위를 회개한다. 사랑으로 하지 않은 행위를 회개한다. 계명을 지키지 못해 애통하게 된다.

어떻게 회개하는가?

첫째, 내가 이미 죄를 용서받은 의인이라는 사실을 자각해야 한다. 그래야 죄의 권세에 눌리지 않고 마귀의 참소를 이길 수 있다. 내가 이미 십자가에서 죄를 용서받고 하나님과 올바른 관계로 회복된 존재라는 사실을 믿어야 한다. 사실 내가 지은 죄는 내 영이 아니라 내 옛 사람의 혼이 지은 죄다. 옛 사람의 거짓 자아의 흔적이 남아 지은 죄다. 이것을 인정해야 용서받은 의인의 신분에서 내 영으로 회개를 시도할 수 있다.

둘째, 내 죄에 대한 책임을 지고, 구체적으로 하나씩 하나씩 회개해야 한다. "하나님, 제가 이런 죄를 지었습니다."라고 구체적으로 개별적으로 회개해야 한다. 옛 사람의 거짓 자아가 습성대로 지은 죄이지만, 죄책이 면제되지는 않는다. 생각으로 지은 죄, 말로 지은 죄, 행위로 지은 죄가 말씀에 어긋나는 죄로 동의하고, 예수 그리스도의 피 공로를 주장하며 용서를 구해야 한다.

셋째, 죄를 끊고 돌이켜야 한다. 말로만 하는 회개는 충분한 회개가 아니다. 예수 그리스도는 여인의 죄를 용서하시면서 "가서 다시는 죄를 범하지 말라"(요 8:11)고 하셨다. 더 이상 죄를 짓지 않을 때까지 회개해야 진정한 회개다. 하나님은 우리가 죄를 끊을 때까지 기다리신다. "여호와라 여호와라 자비롭고 은혜롭고 노하기를 더디하고 인자와 진실이 많은 하나님이라"(출 34:6). 그러나 영원히 기다리시지는 않는다. 우리의 행위대로 심판하신다.

회개하면 어떻게 되는가?

회개하면 하나님이 다시 은혜를 주신다. 하나님과 관계가 복원되고 더 큰 은혜를 받는다. 하나님의 사랑을 더 많이 느낀다. 그러면 자신의 더 깊은 죄가 드러난다. 하나님의 마음을 아프게 한 세밀한 죄가 보인다. 하나님의 은혜를 잊은 배은망덕이 깨달아진다. 그러면 더 깊은 회개를 한다. 더 깊은 회개와 더 큰 은혜가 반복되면서 우리 영혼은 하나님께 더 가까이 가는 것 같다.

죄 죽이기

영국의 청교도 신학자 존 오웬(1616-1683)은『죄 죽이기』라는 책을 썼다. 회개는 죄를 짓고 나서 돌이키는 것인데, 존 오웬은 죄를 짓기 전에 특정한 죄로 기울어지는 마음을 미리 죽일 수 있다고 했다. 존 오웬은 죄의 존재를 완전히 죽일 수는 없으나 죄의 성향을 약화시킬 수 있다고 보았다. 그리스도의 십자가를 믿고 성령에 의지하여, 마음의 정욕과 죄 짓는 습관과 상황을 자각하고 강력하게 싸우면 죄의 힘이 무력화된다는 것이다. 존 오웬의 가르침을 따라 죄를 죽이는 일에 자주 성공하면 회개할 일이 그만큼 줄어들 것이다. 그만큼 더 천국을 더 잘 살 수 있을 것이다.

11.
사랑의 영성

사랑이란 무엇인가?

인간에게 가장 필요한 것은 무엇일까? 사랑이다. 갓 태어난 아이
가 있다. 누군가 돌봐 주면 살고, 돌봐 주지 않으면 죽는다. 사랑이
무엇일까? 에리히 프롬(1900-1980)은 『사랑의 기술』(1956)에서 사
랑을, 일치를 추구하는 욕구라고 보았다. 인간은 분리감을 극복하
기 위해 타인과 결합을 추구한다는 것이다. 형제애, 모성애, 에로
스, 자기애, 하나님에 대한 사랑(아가페) 등이 있다고 말했다. C.
S. 루이스(1898-1963)도 『네 가지 사랑』(1960)에서, 스토르게, 필리
아, 에로스, 아가페 사랑에 대해 설명했다. 스토르게(storge)는 가
족 사이의 편한 애정이고, 필리아(philia)는 친구 사이의 우정이고,
에로스(eros)는 남녀 간의 사랑이고, 아가페(agape)는 하나님의
무조건적인 사랑이라고 했다.

세 왕국론과 관련하여, 사랑도 영적 사랑과 혼적 사랑과 육적 사랑을 구분할 수 있다고 본다. 육적 사랑은 사랑의 이름으로 상대방을 착취하고 집착하는 마귀 나라의 거짓 사랑이다. 혼적 사랑은 받는 만큼 주고, 주는 만큼 받는 인간 나라의 사랑이다. 영적 사랑은 하나님께 받은 사랑으로 하나님과 이웃을 사랑하는 하나님 나라의 사랑이다.

삼위일체 하나님의 사랑

예수 그리스도가 세례받으실 때 삼위일체 하나님의 사랑이 드러났다. 하나님 아버지는 사랑하는 아들 예수 그리스도를 기뻐하셨다. "이는 내 사랑하는 아들이요 내 기뻐하는 자라"(마 3:17). 예수 그리스도도 하나님 아버지를 사랑하셨을 것이다. 성령 하나님도 이 사랑에 참여하셨을 것이다. 삼위일체 하나님은 서로 상대방의 존재를 기뻐하셨다. 상대방의 존재를 기뻐하는 것, 상대방이 행복하기를 바라는 것, 상대방에게 가장 좋은 것을 해 주는 것이 하나님의 사랑인 것 같다.

하나님의 아가페 사랑

하나님의 사랑은 인간의 사랑과 다르다. 인간의 사랑은 조건적이고 부분적이고 보상적이고 가변적이고 유한하다. 하나님의 사랑은 무조건적이고 보편적이고 일방적이고 불변하고 무한하다.

인간의 사랑은 조건적이다. 애정이든 우정이든 에로스든, 매력있는 대상을 사랑한다. 끌려야 사랑한다. 하나님의 사랑은 무조건적이다. 하나님은 매력이 없어도 가치가 없어도 사랑하신다. "하나님이 그 해를 악인과 선인에게 비추시며 비를 의로운 자와 불의한 자에게 내려 주심이라"(마 5:45).

인간의 사랑은 부분적이다. 인간은 일부 사람만 선택하여 부분적으로 사랑할 수밖에 없다. 하나님의 사랑은 보편적이다. 하나님은 모든 사람을 사랑하신다. 하나님의 사랑은 모든 피조물을 포함하는 보편적 사랑이다.

인간의 사랑은 보상적이다. 우리는 대가를 바라며 사랑한다. 베푼 사랑에 대해 보상을 기대한다. 하나님은 대가를 바라지 않고 일방적으로 사랑하신다. 우리의 반응과 상관없이 본성적으로 사랑하신다. 하나님은 아들을 십자가에 내주기까지 우리를 사랑하셨다. 징계도 사랑 때문에 하신다.

인간의 사랑은 가변적이다. 환경과 여건이 변하면 사랑도 바뀐다. 감정이 변하면 사랑을 그만둔다. 하나님의 사랑은 상황의 변화에도 변함이 없는 불변적 사랑이다. 어떤 상황에서도 한결같이 사랑하신다. "예수 그리스도는 어제나 오늘이나 영원토록 동일하시니라"(히 13:8).

인간의 사랑은 유한하다. 사랑의 능력에 한계가 있다. 사랑의 기간에도 시효가 있다. 일시적이고 제한적이다. 하나님의 사랑은 무한하다. 천국까지 이어지는 영원한 사랑이다. "세상에 있는 사람들을 사랑하시되 끝까지 사랑하시니라"(요 13:1).

가장 큰 계명

우리를 사랑하신 하나님은 우리도 하나님처럼 사랑하기를 원하신다. 사랑에서 하나님의 사랑을 닮기를 원하신다. 예수 그리스도는 가장 큰 계명으로 두 가지 사랑의 계명을 주셨다. 하나님 사랑과 이웃 사랑이다. "네 마음을 다하고 목숨을 다하고 뜻을 다하고 힘을 다하여 주 너의 하나님을 사랑하라"(막 12:30), "네 이웃을 네 자신과 같이 사랑하라"(막 12:31), "이보다 더 큰 계명이 없느니라"(막 12:31).

하나님 사랑

우리가 하나님을 사랑한다는 것은 무엇을 의미할까? 하나님 사랑은 하나님보다 더 사랑하는 것이 없이 하나님을 사랑하는 것을 말한다. 그래서 시편의 시인은 이렇게 노래했다. "하늘에서는 주 외에 누가 내게 있으리요 땅에서는 주 밖에 내가 사모할 이 없나이다"(시 73:25). 아빌라의 테레사(1515-1582)도 이렇게 고백했다. "나는 하나님을 사랑하는 것 외에 다른 아무 것도 원치 않습니다.", "주님을 모시는 이 아쉬울 것이 없나니, 주님만으로 만족합니다."

하나님을 사랑하는 자는 항상 하나님을 생각할 것이다. 아침에 깰 때도 주님을 생각하고, 낮에 일할 때도 주님을 사랑하는 마음으로 일하고, 저녁에 쉴 때도 주님을 떠올리며 행복해할 것이다. 하나님을 사랑하는 자는 하나님의 계명을 지키고, 하나님이 기뻐하시는 일을 행할 것이다. 하나님이 사랑하시는 인간을 사랑할 것이다.

이웃 사랑

사람을 사랑한다는 것은 어떤 것일까? 에리히 프롬은 사랑은 '보호, 책임, 존경, 지식'이라는 4가지 요소를 갖고 있다고 설명했다. 보호는 상대방을 소중히 돌보는 것이다. 책임은 상대방의 요구에 응답하고 보살피는 것이다. 존경은 상대방을 있는 그대로 보고 그가 성장하고 발전하기를 바라는 것이다. 지식은 상대방을 그의 입장에서 보고 아는 것이다. 심리학자 로버트 스턴버그는 특별히 연인 사이의 사랑은 '친밀함(intimacy), 열정(passion), 헌신(commitment)'의 3요소로 구성되어 있다고 보았다. 보통 '사랑의 삼각형 이론'이라고 부른다.

성경은 이웃 사랑에 대해 뭐라고 말할까? 성경은 하나님께 받은 사랑으로 사람을 사랑하라고 권면한다. 하나님이 우리를 사랑하신 방법으로 다른 사람을 사랑하라는 것이다. 사랑은 오래 견디고 참을성이 있고 친절하다(고전 13:7). 다른 사람으로부터 악행당한 것을 기억에 남기지 않는다(고전 13:5). 허다한 죄를 덮고(벧전 4:8) 용서한다. 이웃에게 악을 행하지 않는다(롬 13:10). 자기의 유익을 구하지 않고(고전 13:5) 다른 사람의 유익을 구한다. 바로 예수 그리스도가 우리를 사랑한 방식이다. 성령이 도와주시면 우리도 이런 사랑을 할 수 있다.

어떻게 이웃을 사랑할 수 있을까? 첫째, 상대방과 동일시해야 한다. 그 사람의 말을 경청하고 그 사람의 마음을 공감해야 한다. 그 사람의 입장에 들어가서 보아야 한다. 예수 그리스도처럼 우리도 그 사람의 삶 속으로 들어갈 수 있을까?

게리 채프먼은 『다섯 가지 사랑의 언어』에서 사람마다 사랑의 언어가 다르므로 상대방이 원하는 사랑의 언어로 사랑해 주라고 말했다. '인정의 말, 선물, 봉사, 함께 보내는 시간, 접촉'이라는 다섯 가지 사랑의 언어가 있다고 한다. 어떤 사람은 인정해 주는 말에서, 어떤 사람은 선물을 받을 때, 어떤 사람은 봉사를 받을 때, 어떤 사람은 시간을 함께 보낼 때, 어떤 사람은 몸의 접촉에서 사랑을 느낀다고 한다.

둘째, 자기를 내주어야 한다. 관심을 주고, 시간을 주고, 물질을 주어야 한다. 예수 그리스도가 우리에게 자신의 몸을 내주셨듯이, 우리도 그래야 한다. 19세기 리지외의 테레사(1873-1897)는 『사랑의 노래』에서 이렇게 말했다. "사랑으로 산다는 것은 아낌없이 주고 이 세상에서 보답을 요구하지 않는 것이다."

셋째, 상대방을 사랑하기 위해 먼저 나 자신이 성장해야 한다. 그리스도의 장성한 분량을 향해 성장해 가는 사람만이 이웃을 내 몸처럼 사랑할 수 있기 때문이다. 스캇 펙(1936-2005) 박사는 『아직도 가야 할 길』에서 사랑을 "자기 자신이나 타인의 정신적 성장을 도와 줄 목적으로 자기 자신을 확대시켜 나가려는 의지"라고 했다. 나도 성장하고 남도 성장시키기 위해 우선 내 마음을 넓히는 것이 사랑이라는 것이다.

사랑하면 어떻게 되는가?

하나님을 사랑하면 하나님과 연합하여 하나님과 하나가 된다. 하나님의 마음을 공감하며 하나님의 마음을 느끼며 산다. 하나님의 임재 가운데 고요하게 산다. 17세기 프랑스의 수도사 로렌스 형제(c. 1614-1691)는 『하나님의 임재 연습』에서 일상의 모든 일 가운데 하나님의 현존을 느끼며 살았다고 고백했다. 일상의 평범한 일을 하면서도 하나님의 비범한 임재를 경험하며 살았다고 증거했다.

사람을 사랑해도 서로 하나가 된다. 서로 친해진다. 성숙한 부부는 성, 정서, 오락, 일에서 친밀감을 누릴 뿐만 아니라 지성적, 심미적, 영적 친밀감까지 누린다. 내 것 네 것이 없어진다. 남편 것이 부인 것이 되고, 부인 것이 남편 것이 된다. 서로 닮게 된다. 오래 사랑하며 산 노부부는 얼굴까지 닮는다고 한다.

사랑의 성장

인생은 한평생 사랑을 배우는 과정이다. 거짓 사랑에서 벗어나 참 사랑을 하게 된다. 인생에서 남는 것은 사랑밖에 없다. 십자가의 요한(1542-1591)은 이렇게 말했다. "인생의 황혼이 되면, 우리는 오직 사랑이라는 잣대로 평가될 것이다."

사랑은 일평생 성장한다. 부부의 사랑도 장기간 헌신의 과정을 통해 성장한다. 배우자의 독특한 개성을 인정하고, 연약함을 수용하고, 장차 닥칠 어려운 일을 예상하고, 용기 있게 대비하는 오랜 훈련의 과정을 거친다. 좋은 친구는 평생 한 명 얻기도 힘들다. 다른 사람이 다 떠나도 남을 한 친구를 얻으려면 한평생이 걸린다. 함석헌 선생은 '그 사람을 가졌는가'라는 시에서 이렇게 말했다. "온 세상 다 나를 버려 마음이 외로울 때에도 '저 맘이야' 하고 믿어지는 그 사람을 가졌는가?"

하나님을 향한 사랑은 한평생으로도 부족하다. 일평생 사랑해도 부족하고, 사랑할수록 아쉽다. 하나님 사랑을 바로 깨닫고 하나님 사랑 이웃 사랑으로 사는 것이 천국의 영성이다. 우리는 천국에 가서도 계속 하나님 사랑 이웃 사랑을 키워 갈 것이다.

12.
소망의 영성

소망하는 인간

인간은 '믿는 인간'인 동시에 '소망하는 인간'이다. 인간은 희망이 없으면 바로 죽는다고 한다. 빅터 프랭클(1905-1997)은 『죽음의 수용소』에서 절망한 사람부터 죽어 갔다고 말했다. 희망이 없으면 살 이유도 없다는 것이다.

세 왕국론에 비추어 보면, 영적 소망과 혼적 소망과 육적 소망이 있을 것 같다. 육적 소망은 근거 없이 미래에 대해 낙관적 태도를 갖는 것이다. 복권을 사는 심리와 비슷하다. 마귀 나라의 소망이다. 혼적 소망은 내가 성공할 수 있다는 긍정적 사고방식이다. 인간 나라의 소망이다. 부정적 사고방식을 가진 사람이 성공하는 법은 없다. 영적 소망은 성경이 말하는 하나님 나라의 소망이다.

소망이란 무엇인가?

성경이 말하는 소망은 하나님이 약속하신 것을 반드시 이루실 것이라고 기대하는 것이다. 하나님의 약속이 성취될 미래를 기다리는 것이다. 세상 사람은 자기 성공을 간절히 바란다. 자기 꿈이 이루어지기를 희망한다. 하나님의 백성은 하나님의 성공을 바란다. 하나님의 꿈이 이루어지기를 간절히 기다린다.

몰트만은 『희망의 신학』에서 믿음과 소망을 비교했다. 믿음은 하나님이 참되시다는 것을 확신하는 것이고, 소망은 때가 이르면 하나님이 진리를 나타내실 것을 기다리는 것이다. 믿음은 하나님이 우리 아버지라는 것을 믿는 것이고, 소망은 하나님이 항상 우리에게 아버지로서 스스로를 증명하실 것을 기다리는 것이다. 믿음은 영원한 생명이 우리에게 있는 것을 믿는 것이고, 소망은 영생이 언젠가 나타날 것을 기대하는 것이다. 믿음은 지금 현재 하나님의 약속이 이루어질 것이라고 신뢰하는 것이고, 소망은 장차 하나님의 약속이 이루어질 모습을 바라보는 것이다. 믿음은 소망이 세워져 있는 기초이고, 소망은 신앙을 키우고 유지시키는 것이다.

몰트만에 의하면, 소망의 반대는 절망이다. 운명론에 빠져 체념하고 절망한다. 소망의 또 다른 반대는 공허한 자만이다. 자만은 헛된 장담이고 근거 없는 허풍이다. 내일은 오늘보다 더 나아질 것이라고 믿는 어설픈 낙관주의다. 소망은 하나님의 약속에 그 근거

를 둔다. 하나님이 신실하심을 믿고 하나님이 약속하신 것을 장차
이루실 것을 믿고, 그 약속이 이루어질 것을 기대하는 것이다.

하나님 나라의 꿈

하나님은 하나님 나라를 약속하셨다. 하나님 나라는 우주보다
넓고 모든 시대를 초월한 영원한 나라다. 놀랍게도 하나님은 당신
의 나라를 혼자 다스리려 하지 않고, 하나님의 형상대로 지으신 인
간을 통해 인간과 함께 다스리려고 작정하셨다. 세상을 창조하신
후, 아담을 통해 세상을 다스리려 하셨다. 아담이 마귀의 거짓말에
속아 하나님의 꿈은 일시적으로 무너진 듯했다.

하나님은 이스라엘의 메시아를 통해 하나님 나라를 세우셨다.
예수 그리스도와 성령의 역사로 하나님은 이 땅에서도 왕이 되셨
다. 이 땅에서 사탄의 통치가 끝나고 하나님의 통치가 시작되었다.
아직 '새 하늘과 새 땅'이 완성될 하나님 나라의 최종 모습이 남아
있다. 그러나 이미 하나님 나라는 시작되어 놀랍게 전개되고 있다.

예수 그리스도는 초대 교회에 이런 약속을 하셨다. "볼지어다 내
가 문 밖에 서서 두드리노니 누구든지 내 음성을 듣고 문을 열면
내가 그에게로 들어가 그와 더불어 먹고 그는 나와 더불어 먹으리
라 이기는 그에게는 내가 내 보좌에 함께 앉게 하여 주기를 내가
이기고 아버지 보좌에 함께 앉은 것과 같이 하리라"(계 3:20-21).

예수 그리스도는 세상을 이기는 성도들에게 자신의 보좌에 함께 앉게 하여 주겠다고 약속하셨다. 세상에 어떤 왕이 자기 통치권을 자기 백성과 나누려 할까?

땅의 천국과 하늘의 천국

성도는 이 땅에서 하나님 나라를 살아도 하늘 천국을 바라보고 산다. 우리는 이 땅에서 나름 하나님의 은혜를 받고 하나님의 복을 누리고 하나님의 임재를 경험하고 산다. 그러나 우리가 이 땅에서 받는 축복은 아직 완전하지 않다. 그래서 땅에서도 하늘을 바라보며 산다.

소년 시절, 요셉은 꿈을 꾸었다. 밭에서 곡식 단을 묶는데, 요셉의 단은 일어서고 형제들의 단은 둘러서서 절했다. 해와 달과 11별이 요셉에게 절했다. 요셉의 인생은 정반대로 흘러갔다. 17세 때 애굽에 노예로 팔려 갔다. 죄수가 되어 감옥에 갇혔다. 30세 때 애굽의 총리가 되었다. 38세 때 형들이 찾아와 꿈에서 본 대로 그에게 절을 했다. 39세 때 아버지 야곱과 상봉했다. 아들 에브라임의 자손 삼대를 보며 110세까지 살았다.

창세기 50장에 보면, 요셉이 형제들에게 이렇게 유언했다. "나는 죽을 것이나 하나님이 당신들을 돌보시고 당신들을 이 땅에서 인도하여 내사 아브라함과 이삭과 야곱에게 맹세하신 땅에 이르게 하시리라 당신들은 여기서 내 해골을 메고 올라가겠다고 하라"(창 50:24-25). 요셉은 애굽의 총리로서 당시 인간 나라에서 최고로 성공한 사람이었다. 그러나 요셉은 하나님이 약속하신 가나안 땅을 바라보고 살았다. 비옥한 나일강의 삼각주에 위치한 고센 땅이 아니라 그 너머 가나안 땅을 바라보았다. 하나님이 아브라함과 이삭과 야곱에게 주신 약속의 땅을 소망하며 살았다.

고난의 영성

성도들은 이미 하나님 나라를 살지만 여전히 많은 고난 가운데 산다. 하나님 나라가 아직 다 완성되지 않았기 때문이다. 그래도 성도들이 당하는 고난을 설명할 이유가 있을까? 첫째, 우리는 피조물로서 육체의 한계 때문에 고난을 당한다. 둘째, 사회적 존재로서 다른 사람의 잘못과 실수 때문에 함께 연대하여 고난을 당한다. 셋째, 영적 존재로서 내 죗값 때문에 이런저런 고난을 받는다. 넷째, 하나님이 내 육의 죄성을 정화시키기 위해 고난을 허락하신다. 아버지가 자녀를 잘되라고 징계하듯이, 하나님도 성도를 징계하신다. 다섯째, 우리는 마귀와 피 흘리기까지 싸우면서 고난을 받는다. 다른 사람을 살리기 위해 중보적 고난을 당하고, 그리스도의 고난에 참여하는 대속적 고난을 감수한다. 복음을 위한 영광스러운 고난이다. 바울이 "오직 하나님의 능력을 따라 복음과 함께 고난을 받으라"(딤후 1:8)고 권면한 이유다.

소망의 영성

이런 고난 가운데 하나님의 영광을 바라보고 즐거워하는(롬 5:2-3) 것이 소망의 영성이다. 누가 환난 중에 즐거워할 수 있는가? 하나님의 보좌를 바라보는 사람들이다. "믿음의 주요 온전하게 하시는" 예수를 소망으로 바라보는 이들이다. "우리가 환난 중에도 즐거워하나니 이는 환난은 인내를, 인내는 연단을, 연단은 소망을 이루는 줄 앎이로다"(롬 5:3-4). 환난 속에서 우리는 인내를 훈련한다. 인내하면 연단된 인격(품성)을 얻는다. 연단된 인격은 바라는 소망을 성취한다. 올림픽에 나가 메달을 따는 선수들도 다 이 과정을 거친다.

기도 응답을 기다리고 있을 때도 소망의 영성이 작용한다. 소망의 영성과 관련하여, 기도의 방법을 바꿀 필요가 있다. 하나님께 기도하고 응답받지 못했을 때 하나님께 버림받은 느낌이 든다. 하나님이 약속하셨다는 확신과 함께 마음의 평화가 오면 그때부터 소망으로 기뻐할 수 있다. 주님이 무화과나무를 저주하신 적이 있다(막 11:14). 무화과나무가 뿌리째 말랐다. 그때 주님이 말씀하셨다. "누구든지 이 산더러 들리어 바다에 던져지라 하며 그 말하는 것이 이루어질 줄 믿고 마음에 의심하지 아니하면 그대로 되리라"(막 11:23), "무엇이든지 기도하고 구하는 것은 받은 줄로 믿으라 그리하면 너희에게 그대로 되리라"(막 11:24).

언제부턴가 더 이상 '징징거리는' 기도를 하지 않게 되었다. 하나님이 주실 것 같은 감동이 오면, 그때부터 미리 기뻐하고 미리 감사하는 훈련을 하고 있다. 기도가 이루어질 미래를 상상하며 나 혼자 감정으로 기뻐하고 즐거워해 본다. 상당히 효과가 좋다. 하나님의 보좌 앞에서 과거와 현재와 미래의 구분이 무의미하다는 생각도 든다. 소망의 영성은 생각보다 훨씬 더 강력하다.

종말의 소망

하나님 나라 백성은 이 땅에서 천국의 복을 많이 누리며 산다. 그러나 성도들은 이 땅에서 아무리 복을 누리고 살아도, 하늘에서 하나님을 뵙는 축복에 참여하기를 소망한다. 사실 우리는 이미 너무 많은 복을 받았다. 이제는 복을 주시는 하나님을 뵈올 수 있기를 간청해야 한다.

성도들은 이 땅에서 하나님 아닌 것은 하나하나 다 내려놓게 된다. 하늘 천국의 영원한 행복과 하나님 한 분만을 소망하게 된다. "보라 내가 만물을 새롭게 하리라"(계 21:5). 주님이 '새 하늘과 새 땅'에서 만물을 새롭게 하실 때, 나도 온전히 새롭게 변형된 몸을 입고 삼위일체 하나님을 뵈올 수 있을 것이다.

이 땅에서 천국을 살지만 하늘 천국을 더 자주 바라보자. 하나님의 보좌를 바라보자. 어린 양 예수 그리스도의 보좌를 바라보자. 두 보좌 가운데로 흐르는 성령의 생명수 강물을 바라보자. 그 강 좌우에 늘어선 생명나무를 바라보자. 새 예루살렘이 이 땅에 내려오기 전에도 우리는 이 땅에서 하늘 보좌를 바라볼 수 있다. "또 그가 수정 같이 맑은 생명수의 강을 내게 보이니 하나님과 및 어린 양의 보좌로부터 나와서 길 가운데로 흐르더라 강 좌우에 생명나무가 있어 열두 가지 열매를 맺되 달마다 그 열매를 맺고 그 나무 잎사귀들은 만국을 치료하기 위하여 있더라"(계 22:1-2).

부록
감정의 영성

감정의 문제

근대 이전의 철학자들은 인간의 감정을 의지의 일부로 보고 별로 중요하게 생각하지 않았다. 그리스 철학자들은 감정을 철학적 구원을 방해하는 장애물로 보았다. 그들은 감정으로부터 초연해지는 '무정념'(아파테이아)의 이상을 추구했다. 기독교 신학도 감정에 대한 신학적 성찰이 부족했다. 감정은 근대에 와서 주목을 받았다. 조나단 에드워즈(1703-1758)는 『신앙적 정서』에서 감정을 영분별의 대상의 하나로 보았다. 쉴라이어마허(1772-1829)는 『신앙론』에서 신앙을 하나님에 대한 절대 의존의 감정이라고 설명했다.

감정은 포스트모던 시대에 와서 지나치게 강조되고 있다. 데카르트는 "나는 생각한다. 그러므로 나는 존재한다."라고 했다. 현대

인은 "나는 느낀다. 그러므로 나는 존재한다."라고 말하는 것 같다. 감정대로 살아도 될까? 인간의 감정이라는 것이 그렇게 믿을 만한 것일까? 감정이 중요한 것은 알겠는데 감정의 지배를 받고 사는 삶이 바람직할까?

감정의 종류

감정이란 무엇인가? 심리학적으로 감정은 특정 상황에서 외부 자극에 대해 일어나는 심리적 반응을 말한다. 외부 자극으로 말미암아 생리적 인지적 행동적 요소를 포함하여 일어나는 갑작스러운 심리적 반응이다. 문제는 감정이 너무 다양하고 복잡하다는 것이다. 우리 말에 430여 개가 넘는 감정 용어가 있다고 한다. 심리치료사는 최소한 300여 개의 감정을 배운다고 한다.

미국의 심리학자 윌리엄 제임스(1842-1910)는 1884년 '감정이란 무엇인가?'라는 논문에서 1차 감정과 2차 감정을 구분했다. 1차 감정은 슬픔, 두려움, 분노, 사랑이라는 근원적 감정을 말하고, 2차 감정은 네 가지 근원적 감정이 복합적으로 나타나는 세밀한 감정이라고 설명했다. 문화인류학자들은 모든 민족에게 공통된 기본 감정이 있을 것이라고 가정한다. 그들이 공통적으로 제시하는 감정은 대개 두려움(공포), 분노, 슬픔, 기쁨, 싫음, 좋음이라는 6개의 감정이다. 동양 고전은 7정에 대해 말한다. 희로애락애오욕(喜怒

哀樂愛惡欲) 또는 희로애구애오욕(喜怒哀懼愛惡欲)의 일곱 가지 감정을 말한다.

가장 근원적 1차 감정은 두려움, 분노, 슬픔, 기쁨, 좋음, 싫음 등 여섯 개로 요약될 수 있을 것 같다. 두려움은 안전이 위험하다는 것을 느끼는 '위협감' 또는 '위기감'으로 이해된다. 분노는 누군가 내 것을 공격해 올 때 느끼는 '피해감' 또는 '보복감'이다. 슬픔은 소중한 것을 잃을 때 느끼는 '상실감'이다. 기쁨은 필요한 욕구가 채워질 때 느끼는 '충족감'이다. 싫음(혐오감)은 불쾌감으로 인한 '회피감' 또는 '혐오감'이다. 좋음은 쾌감으로 인한 '매력감' 또는 '호감'이다. 한 가지 더 추가한다면, 괴로움이 있을 것 같다. '상처감'이다. 몸과 마음에 상처가 나서 아픔을 느낄 때 느끼는 감정이다.

성경의 감정 이해

성경은 감정의 문제를 어떻게 보고 있는가? 창조와 타락과 구원이라는 구속사의 순서를 따라, 감정을 감정의 창조, 감정의 타락, 감정의 구원의 관점으로 설명해 보자.

감정의 창조

인간은 왜 감정이 있는 존재로 창조되었을까? 창조주 하나님이 감정이 있으니, 피조물 인간도 감정을 갖게 되었을 것이다. 하나님은 왜 감정을 주셨을까? 하나님과의 관계, 인간 사이의 관계, 자연과의 관계에서 샬롬을 누리라고 감정을 주셨을 것이다. 세 가지 관계에서 샬롬을 누리는 것을 돕기 위해 감정을 주셨을 것이다.

감정의 타락

아담이 하나님께 죄를 짓고 타락한 후 인간의 감정도 타락하게 되었다. 창세기 3장에 보면, 아담은 하나님의 말씀을 거역한 후, 하나님의 얼굴을 피하여 동산 나무 사이에 숨었다. "내가 동산에서 하나님의 소리를 듣고 내가 벗었으므로 두려워하여 숨었나이다"(창 3:10). 이것은 두려움이 타락한 인간의 최초의 감정이라는 것을 보여 준다. 정신과 전문의 이성훈 박사는『내적 치유』(1999)에서 하나님과 관계가 끊어진 아담이 두려움과 수치심을 느꼈을 것이라고 추측했다. 하나님과 관계가 끊어지니 하나님과 세상에 대해 두려움을 느끼고 수치를 느껴 숨었다는 것이다.

마음에 상처가 있는 사람은 감정의 폭발 아니면 도피 반응을 보인다. 자기감정을 통제할 수 없어 폭발시키거나, 자기감정이 두려워 억압한다. 대부분은 폭발하는 자기감정이 두려워 억압할 것이다. 그러면 자기감정에 둔감한 사람이 된다. 감정(emotion)은 있는데 느낄(feeling) 수 없는 사람이 된다. 자기감정을 인식하지 못하니 표현도 하지 못한다. 내 감정을 느끼지 못하니 다른 사람의 감정도 느끼지 못한다. 다른 사람의 감정을 공감하지 못하니 관계가 힘들어진다.

인간은 누구나 다 상한 마음을 갖고 있다. 누구나 과거의 부정적 사건으로 마음에 상처가 있다. 환경에 따라 정도의 차이는 있으나, 마음의 상처가 없는 사람은 없다. 받아야 할 사랑을 받지 못하고, 받지 말아야 할 학대를 받으며 자랐기 때문이다. 감정의 상처는 육체의 상처와 비슷한 면이 있다. 누군가 우리를 공격하여 해를 입힌다. 그러면 우리 몸은 상처를 입고 고통을 느낀다. 시간이 지나면 상처가 아물고 흔적만 남는다. 육체의 상처는 아물면 그만이다. 그러나 감정의 상처는 이보다 복잡하다.

인간은 감당하지 못하는 상처를 억압하고 잠재의식 속에 묻어 버린다. 의식과 잠재의식 속에 모든 것을 이미지로 기억해 두었다가 반복적으로 기억해 낸다. 비슷한 환경에서 비슷한 자극이 주어지면, 아픈 기억이 자동으로 의식의 세계로 떠오른다. 이렇게 감정의 상처는 기억 속에 이미지로 저장되어 있다가 비슷한 상황에서 반복적으로 재현된다. 이유 없이 마음이 아프고 고통스럽다. 내가 아프니 주위 사람도 아프게 한다. 감정의 상처를 치유할 수 있을까? 물론 치유할 수 있다. 몸의 질병을 치유하시는 하나님은 감정의 상처도 치유하신다.

감정의 구원: 상한 감정의 치유

1986년 데이비드 시맨즈의『상한 감정의 치유』(1981)가 번역되어 한국에 들어왔다. 시맨즈 목사는 인도 선교사였다. 인도에서 미국으로 돌아와 목회해보니, 교인들이 그리 행복해하지 않았다. 오랜 관찰 끝에 그는 교회에서 두 종류의 교인을 발견했다. 하나는 율법주의에 사로잡힌 교인이었다. 그들은 율법을 지키지 못한다는 패배감으로 괴로워했다. 다른 하나는 자기감정을 부인하는 위선적 교인이었다. 이들은 감정에 상처받은 이들이었다. 시맨즈 목사는 이들에게 그리스도의 은혜에 대한 메시지를 전했다. 그리스도의 무조건적 사랑을 경험하면 감정의 상처가 치유될 수 있다고 설교했다. 그 결과 많은 교인이 그리스도 안에서 풍성한 삶을 누릴 수 있게 되었다.

치유자 하나님

하나님은 본성적으로 치유자 하나님이시다. "나는 너희를 치료하는 여호와임이라"(출 15:26). 하나님은 피조물이 망가지는 것을 방치할 수 없는 창조주이시다. 자녀들이 아플 때 외면할 수 없는 사랑의 아버지이시다. 영원한 하나님은 우리의 과거 상처를 알고 계시니 치유도 하실 수 있다.

예수 그리스도는 십자가에서 법적으로 이미 우리의 치유를 다 이루신 분이시다. "그가 채찍에 맞음으로 너희는 나음을 얻었나니"(벧전 2:24). 예수 그리스도는 십자가에서 우리가 입은 감정의 상처도 대신 짊어지셨다. 우리의 죗값을 치르신 것처럼, 감정의 상처도 대신 담당하셨다. 예수 그리스도는 우리의 상처로 같이 고통당하신 분이시다.

성령은 지금 여기서 역사하시는 치유의 실행자이시다. 성령은 우리 감정의 상처도 치유하신다. "성령도 우리의 연약함을 도우시나니 우리는 마땅히 기도할 바를 알지 못하나 오직 성령이 말할 수 없는 탄식으로 우리를 위하여 친히 간구하시느니라"(롬 8:26). 성령은 우리 기억 속 깊숙한 곳에 억눌려 있던 부정적 이미지를 떠올려 주시고, 예수 그리스도의 피를 뿌려 치유해 주신다.

감정 치유의 방법

우리는 어떻게 감정의 치유를 받을까? 미국의 치유 사역자 프랜시스 맥너트는 『치유』라는 책에서 '내적 치유'(inner healing)를 이렇게 설명했다. "내적 치유는 우리에게 상처를 주었던 과거의 고통스런 기억의 현장으로 예수 그리스도와 함께 돌아가서, 현재까지 미치는 그 상처의 영향력으로부터 우리가 자유로워지도록 주님께 기도하는 것이다."

내적 치유의 과정에서 우리는 어떻게 해야 할까? 내적 치유 사역자들은 '직면'과 '표현'과 '용서'의 과정이 필요하다고 말한다. 첫째,

과거의 상처를 직면해야 한다. 잠재의식 속에 묻어둔 상처를 떠올려 달라고 주님께 기도해야 한다. "죄는 드러내 주시고 상처는 떠오르게 하소서."라고 기도하면, 고통스런 과거의 기억이 하나씩 떠오른다. 성령이 생각나게 하시는 것이다.

둘째, 과거의 상처에 대한 감정을 지금 여기서 다시 느끼고 표현해야 한다. 묻어둔 감정을 다시 직면하여 느끼는 것은 고통스런 일이다. 그래도 해야 한다. 이제 성인이 되었으니 할 수 있다. 과거의 고통스런 감정을 토해 내야 기억에서 부정적 반응 패턴이 약해진다. 힘들어도 직면하고 고통스런 감정을 표현해야 한다. 비명이라도 질러야 한다. '악!' 소리라도 내야 한다. 아픈 감정이 안 올라오는 사람은 치유 사역자의 기도를 받는 것이 좋다. 악령이 분별되면 축사 기도를 받아야 한다.

셋째, 상처를 준 사람을 용서해야 한다. 용서받고 용서하는 것이 치유의 핵심이다. 용서는 원수에 대해 보복할 권리를 포기하는 것이다. 용서하라는 하나님의 명령에 순종하여 미워하는 마음을 내려놓는 것이다. 둘을 묶고 있는 증오의 끈을 나 혼자 끊는 것이다. 내가 용서하지 않으면 나는 계속 증오의 지배를 받는다. 그러므로 나를 위해서라도 용서해야 한다. 오래 시간이 걸려도 지속적으로 용서를 선택해야 한다. 상대방을 사랑할 수는 없어도 미워하는 마음을 버릴 수는 있다.

치유의 결과

내면의 상처가 치유되면, 과거의 상처가 하나님의 관점으로 재구성된다. 당시 주님의 마음이 이해된다. 주님이 그 상황을 어떻게 보고 계셨는지, 하나님이 어떻게 보호해 주셨는지 알게 된다. 뇌세포의 가소성이 기억을 변화시킨다. 기억이 변하면, 현재 감정의 반응 패턴도 바뀌고, 감정 패턴이 변하면 마음 전체가 건강해진다.

감정의 상처가 치유되면, 어떤 일이 벌어질까? 상한 감정이 치유되면 마음이 더 이상 아프지 않게 된다. 상처가 기억나도 예전 같은 고통이 느껴지지 않는다. 오히려 과거 상처에서 하나님의 섭리를 발견하고 하나님의 경륜을 깨닫게 된다. 헨리 나우웬은 『상처 입은 치유자』(Wounded Healer)라는 책을 우리에게 선물로 남겨 주었다. 상처받은 자가 치유되면, 같은 상처를 받은 다른 사람을 치유할 수 있다는 것이다. 가장 잘 아니까 가장 잘 도울 수 있을 것이다. 상처가 빛나는 보석이 되는 것이다.

감정의 영성

감정의 문제를 어떻게 영성 신학적으로 설명할 수 있을까? 감정은 너무 복잡한데 신학적으로 설명이 될까?

감정도 세 왕국론의 관점으로 설명할 수 있을 것 같다. 세 왕국론에 따라 세 나라가 있듯이 이와 연결된 세 가지 감정이 있다고 본다. 영적 감정과 혼적 감정과 육적 감정이 있다는 것이다. 영적 감정은 하나님 나라와 관련하여 느끼는 감정이고, 혼적 감정은 인간 나라와 관련하여 느끼는 감정이고, 육적 감정은 마귀 나라와 관련되어 느끼는 감정이라고 설명된다.

기쁨에도 영적 기쁨이 있고, 혼적 기쁨이 있고, 육적 기쁨이 있을 것이다. 슬픔에도 영적 슬픔이 있고, 혼적 슬픔이 있고, 육적 슬픔이 있을 것이다. 두려움에도 영적 두려움이 있고, 혼적 두려움이 있고, 육적 두려움이 있을 것이다. 분노에도 영적 분노가 있고, 혼적 분노가 있고, 육적 분노가 있을 것이다.

필자는 감정의 영성을 하나님 나라에서 친밀한 관계를 누리는 감정의 능력이라고 생각한다. 감정의 영성을 위해, 첫째, 우리는 먼저 육의 감정을 치유해야 할 것이다. 육의 감정은 어릴 적 형성되어 내재되어 있는 '쓴 뿌리'이다(히 12:15). 상처받아 남아 있는 육의 감정을 치유해야 우리의 감정이 제대로 반응한다. 현재 내적 치유 사역자들이 이 문제를 다루고 있다. 둘째, 우리는 혼의 감정을 형성시켜야 할 것이다. 어릴 적 상처로 성장이 멈춘 혼의 감정을 다시 자라게 해야 한다. 자기감정을 자각하는 감수성(민감성) 훈련도 하고, 감정을 표현하는 훈련도 하고, 문화생활을 즐기는 훈련도 해야 할 것이다. 셋째, 우리는 무엇보다도 영의 감정을 성장시켜야 할 것이다. 영의 감정은 하나님과 관계를 맺으며 교제할 때 자란다. 하나님과 친해지고 사람들과 편해질 때, 영의 감정이 풍성해진다.

　이렇게 육의 감정을 치유하고, 혼의 감정을 발전시키고, 영의 감정을 성장시킬 때 감정이 온전해졌다고 말할 수 있을 것이다. 감정이 이렇게 온전하게 회복된 사람은 천국의 행복을 느끼며 살 것이다. 하나님을 사랑하고 이웃을 사랑하며 천국을 살 것이다. "영이 회복된 이들은 복이 있나니 바로 천국이 그들의 것이다!"

에필로그

    1988년 신학대학원 1학년 때부터 하나님 나라에 대한 강의를 들었다. 그때는 그냥 개념으로 넘어갔다. 35년이 지난 지금, 하나님 나라는 이제 나에게 분명한 영적 실재로 다가온다. 하나님의 통치가 임하고 하나님이 주인으로 내 삶을 다스리는 것이 경험된다. 천국의 영성은 "하나님의 통치를 지금 여기서 받고 하나님을 경험하며 하나님 나라를 확장하는 능력" 정도로 이해된다.

    21세기에 하나님 나라를 잘 산 이가 있다. '선데이 아델라자'(1967-)이다. 1967년 나이지리아에서 태어났다. 할머니의 손에서 가난하게 자라났다. 15세 때 할머니가 돌아가셨다. 18세 때 고향을 떠났다. 고등학교 졸업 직전, 1986년 3월에 회심했다. 텔레비전에서 복음 전도자의 설교를 듣고 예수를 영접했다. 1986년 9월 장학금을 받고 소련으로 유학을 떠났다. 민스크, 벨라루스 대학에서 공부했다. 신앙의 박해 속에서 기도하며 지하 교회를 다녔다. 1992년 언론학 석사 학위를 받았다. 민스크에 교회를 세웠다.

1992년 전도한다는 이유로 추방당했다. 우크라이나 키에프 민영 TV 방송국에서 일을 시작했다.

1993년 말 키에프 집에서 7명이 모여 가정 성경 모임을 시작했다. 1994년 2월 교회를 시작했다. '하나님의 대사 교회'로 발전했다. 20년이 지나 놀라운 열매가 맺혔다. 25,000명의 교인이 출석하는 대형 교회가 되었다. 정교회의 모국에서 아프리카 흑인 목사가 유럽 최대의 교회를 세웠다. 50여 개국에 1,000여 개의 교회를 개척했다. 3,000개의 비영리 시민단체를 만들어 사회를 변혁시켰다. 2백만 명이 예수를 영접했다. 우크라이나 사회 전 영역에 하나님 나라를 실현하는 목회 전략이 열매를 맺었다. 2004년 겨울 우크라이나 오렌지 혁명의 진원지가 되었다.

지금은 교회의 위기 시대다. 백약이 무효라는 소리가 들린다. 어찌해야 할까? 근원으로 돌아갈 수밖에 없다. 교회가 어떻게 시작되었는가? 부활 승천하신 예수 그리스도가 하나님의 보좌 우편에서 성령을 부으심으로 시작되었다. 열방에 하나님 나라를 세우고 확장하기 위해 세우셨다. 우리 시대도 다른 길은 없다. 부활하신 예수를 만나야 하고, 성령을 받아야 하고, 보좌에서 다스리는 예수 그리스도의 통치를 받아야 한다. 내 삶의 영역에서 하나님 나라의 말씀과 원리를 따라 살아야 한다. 하나님 나라를 교회 밖과 열방에 세워야 한다. 하나님의 통치를 받고 하나님의 통치를 대행해야 한다. 이 일이 되지 않으면 교회가 성장해도 큰일이다.

교회 역사를 다시 보니, 교회사는 하나님 나라의 역사가 아니었다. 하나님 나라의 역사를 담고 있었으나 인간 나라와 마귀 나라가 많이 섞여 있었다. 그래도 교회밖에는 답이 없었다. 교회는 하나님 나라를 미리 맛보는 곳이고, 하나님 나라를 보여 주는 징표이고, 하나님 나라를 세우고 확장하는 도구였다. 교회는 하나님 나라 원리를 훈련하는 훈련소이고, 성도는 이 땅에 하나님 나라를 운반하고 성령을 운반하는 운반자들이었다. 하나님 나라를 사는 성도들의 시대가 되었다. 성도를 양육하는 하나님 나라의 어미 아비들, 사도들이 필요한 시대가 되었다.

책을 다듬고 보니, 토마스 아퀴나스(1224/5-1274)가 생각난다. 그는 『신학대전』 3부 속죄에 관해 글을 쓰는 도중 신비 체험을 했다. 비서에게 이런 말을 남겼다. "내가 본 것에 비하면 내가 쓴 것들은 지푸라기에 지나지 않네." 필자도 10년 후 재개정판을 내며 이와 비슷한 감정을 느낀다. 더 이상 고칠 것은 없는데 지푸라기처럼 느껴진다. 왜일까?